Fran Silvestre

PIONEROS DEL DISEÑO
Transformación y adaptabilidad de los diseñadores estadounidenses

Silvestre, Fran

Pioneros del diseño : transformación y adaptabilidad de los diseñadores estadounidenses / Fran Silvestre . - 1a ed. - Ciudad Autónoma de Buenos Aires : Diseño, 2016.
156 p. ; 21 x 15 cm. - (Textos de arquitectura y diseño)

ISBN 978-987-4000-85-9

1. Diseño Industrial. 2. Historia. 3. Investigación. I. Título.
CDD 745.2

Textos de Arquitectura y Diseño

Director de la Colección:
Marcelo Camerlo, Arquitecto

Diseño de Tapa:
Liliana Foguelman

Diseño gráfico:
Karina Di Pace

Hecho el depósito que marca la ley 11.723

I.S.B.N. 978-987-4000-85-9

Diciembre de 2016

Fran Silvestre

PIONEROS DEL DISEÑO
Transformación y adaptabilidad de los diseñadores estadounidenses

PIONEROS DEL DISEÑO

Transformación y adaptabilidad de los diseñadores estadounidenses

ÍNDICE

PRÓLOGO

Andrés Alfaro Hofmann
y Pablo Camarasa

Los avances técnicos y tecnológicos siempre han traído consigo
la aparición de nuevas profesiones. Más concretamente, de nuevas figuras profesionales que han contribuido a la evolución de un
campo de trabajo o una profesión. En el del Diseño, entendido en los
términos actuales, la industrialización dio lugar, en Europa, al surgimiento de grandes centro educativos donde se impartió una sólida
teoría, pero en la práctica, fue en Estados Unidos donde primero se
consolidó el diseñador industrial como profesional.

La profesión como tal empezó a tomar forma a principios del siglo
XX, cuando comenzaron a surgir en Centroeuropa diversas agrupaciones que buscaban unir los nuevos procesos de mecanización con
profesionales de perfil creativo –artistas y artesanos–, con la finalidad de fabricar en serie objetos de uso cotidiano o decorativos. En
Alemania, Suiza y Austria, estos colectivos adquirieron el nombre
de *Werkbund*. Sus miembros, en aquel entonces, se habían curtido
en otras especialidades, siendo algunos arquitectos, otros ebanis-
tas, también herreros... Eran tiempos en los que no existía la idea de
una figura profesional dedicada al diseño fabricado mediante procesos industriales. Abordaron todo tipo de proyectos, publicitados
éstos a través de numerosas exposiciones, y se convirtieron en los
primeros diseñadores industriales (aunque todavía no reconocidos
por la sociedad como tales).

En Viena surgió otra agrupación de similares características. Fue
bautizada como *Wiener Werkstätte*, y estaba compuesta por unos
talleres de carácter formativo en los que profesionales de las mismas características y cualificación que los de las *Werkbund* transmitían sus conocimientos a jóvenes deseosos de aprender un oficio
centrado en la creación, principalmente, de objetos para uso doméstico. Buscaron aproximarse a todos los públicos introduciendo una
amplia oferta de productos, pero su elaboración –más artesanal que
industrial– encarecía su coste y por tanto quedaba al alcance de
sectores concretos de la población. Los años de depresión, que se
vivían en aquel entonces, condujeron a que muchos jóvenes artistas
y arquitectos entrasen en contacto con estos Talleres Vieneses,

diseñando objetos de encargo y, a su vez, reorientando su profesión. Primero artesanos y artistas, y ahora arquitectos, actuaban en calidad de diseñadores industriales.

En la segunda década del siglo XX abría sus puertas, nuevamente en Alemania, una institución que se convertiría, en poco tiempo, en una escuela de referencia a escala internacional. La Bauhaus acogió en su seno a jóvenes que acabarían convirtiéndose en destacadas figuras del mundo de la creatividad, como Josef Albers, Johannes Itten, Marcel Breuer, Wassily Kandinksy, Paul Klee, Hannes Meyer, Ludwig Mies van der Rohe o Láslzó Moholy-Nagy, y contribuyó a la creación, el perfeccionamiento y la regularización (o estandarización) de nuevas formas que acabarían formando parte de la cultura creativa de la primera mitad del siglo XX, aproximando las artes plásticas a la industria, a la vez que constituyendo una base para la posteridad. Sus estudiantes tenían la posibilidad de formarse en disciplinas que acabarían derivando en los estudios de diseño industrial y diseño gráfico, lo que significa que fue en la Bauhaus donde se gestaron estas profesiones desde el punto de vista académico.

Y mientras se iban produciendo estos episodios en Europa, en Estados Unidos la evolución del diseño era más fluida. No respondía tanto a criterios teóricos como sí estéticos. Buscaba más el impacto visual que el funcional, pero innegablemente, compitió de igual a igual con lo que se estaba produciendo en el viejo continente. Y la mercadotecnia fue su gran aliado. Diseñar en base a los procesos de industrialización y hacer uso de la publicidad como medio de difusión fueron señas de identidad absorbidas por los profesionales del diseño estadounidenses. Junto a Raymond Loewy, que fue el creativo que tal vez marcó el punto de inflexión dentro de este campo en Estados Unidos, otros protagonistas contemporáneos de esta revolución fueron Walter Dorwin Teague, Henry Dreyfuss o Norman Bel Geddes, que con su filosofía de trabajo contribuyeron a una renovación no sólo de diferentes objetos, sino también a generar una alteración en la vida de las personas.

Diseñaron muebles, armarios, fregaderos, grifos, frigoríficos, estufas, lavadoras, sillas y aparadores, cambiando las formas de habitar una casa. También automóviles, autobuses y locomotoras, modificando el paisaje urbano. Proyectaron gasolineras e, incluso, ciudades futuristas, a la vez que configuraron las redes de carreteras de los Estados Unidos. Trabajaron para algunas de las más grandes empresas del momento, como General Motors,[1] Lucky Strike, Coca-Cola, Shell o Texaco. Se trataba de profesionales que habían estado desde tiempo atrás vinculados al mundo de la ilustración, publicidad y la escenografía, acostumbrados a desenvolverse y a generar creaciones enfocadas a un mundo completamente comercial. En muchos casos trabajaban en equipo y se caracterizaban por desarrollar su actividad para la empresa sin pertenecer a ella, de tal forma que podían contar con una cartera de clientes con los que colaborar simultáneamente. A su vez, la sociedad en general entendía el diseño como una herramienta para embellecer su entorno –y, gracias a la industrialización, a un precio accesible para gran parte de la población–, mientras que la figura del diseñador era cada vez más respetada, como lo demuestran la aceptación de los libros que algunos de estos profesionales redactaron, su imagen en campañas publicitarias o, sin ir más lejos, el éxito de muchos de sus diseños.

El periodo que se aborda, y de manera más específica la primera mitad del siglo XX es, a buen seguro, uno de los espacios de tiempo más interesantes desde el punto de vista de la creatividad. Gracias al dominio de la producción industrial, se produjo una explosión de formas que rompían con los diseños existentes hasta el momento, transformando por completo la sociedad; el cambio sociocultural que ello supuso derivó en la aparición de dos nuevas figuras profesionales: la del diseñador industrial, con exponentes como los citados Raymond Loewy, Walter Dorwin Teague, Norman Bel Geddes y Henry Dreyfuss, pero también Harold van Doren, Walter Gropius,

[1] En este sentido, es interesante la crítica de Lewis Mumford acerca del impacto de GM en el urbanismo estadounidense, recogida en el artículo "The building of a super-highway future at the New York World's Fair", en *Cultural Critique*, n. 48, 2001, pp. 65-97.

Marcel Breuer y Wilhem Wagenfeld, y la del director creativo, siendo probablemente Peter Behrens el pionero en este campo, trabajando para la compañía alemana AEG desde 1907 a 1914.

A causa de la distancia existente entre Europa y Estados Unidos –entendida ésta desde el punto de vista geográfico pero también desde el cultural– se desarrollaron diferentes vías creativas, unas potenciando la forma y otras haciendo lo propio con la función. Esta competencia les llevó a mejorar progresivamente sus creaciones, las cuales, a pesar de las diferencias formales y funcionales, y atendiendo a su aceptación en el mercado, fueron en muchos casos modelos de éxito que llegaron incluso a formar parte del imaginario colectivo, manteniéndose sin apenas variaciones durante décadas, y ocupando, todavía hoy, un espacio en muchos hogares.

Es la del diseño –de producto o gráfico– la ejemplificación del surgimiento de una profesión hasta hace relativamente poco tiempo inexistente pero desde muy pronto necesaria. Y aunque su concepción –sobre todo desde el punto de vista académico– siempre se ha vinculado a Europa, su evolución y consolidación es un mérito que cabe compartir con Estados Unidos. El presente estudio, además, busca profundizar en las figuras de referencia del diseño estadounidense, un tanto denostadas, incidiendo en sus aportaciones y en el papel que desempeñaron en la sociedad del momento. Y si han sido objeto de estudio por parte de autores como Roland Marchand, Philippe Trétiack, Carroll Gantz, Gary Kulik o Robert Coombs, entre otros, quienes cuentan con publicaciones en lengua inglesa o francesa, cabe destacar la falta de textos en español, lo cual es un indicativo de la poca importancia de la que estos pioneros han gozado hasta el momento en el ámbito hispanohablante y un factor a tener en cuenta acerca del valor de esta investigación.

Si bien es cierto que la revolución industrial transformó el mundo, los pioneros del diseño aprovecharon la domesticación de la máquina y la utilización de novedosos materiales y energías para crear nuevos escenarios que iban de lo doméstico a lo urbano.

Desde tostadoras hasta coches, desde anuncios publicitarios hasta logotipos, desde teléfonos hasta estaciones de servicio. Fueron los diseñadores quienes dieron forma a la imagen que hoy guardamos de aquellas décadas, quienes materializaron un cambio estético en la sociedad y su entorno a la vez que facilitaron la vida diaria.

NACIMIENTO Y EVOLUCIÓN DEL DISEÑO INDUSTRIAL

El diseño industrial, desde el punto de vista de la profesión, adquirió forma entrado el siglo XX. Como precedentes, cabe remontarse hasta el siglo XIX para encontrar figuras de similares características surgidas tras la evolución mecánica después del triunfo de la Revolución Industrial en las últimas décadas del siglo XVIII y su propagación y establecimiento a mediados de la siguiente centuria. Dicha revolución trajo consigo toda una serie de cambios que alteraron no sólo el modus vivendi de las personas, sino también las formas de trabajo y, por ende, las profesiones. Ello derivó en la formación de diferentes grupos que entendieron rápidamente la importancia de adaptarse a los nuevos cambios con el fin de mejorar su entorno. Quizá pueda considerarse a las *Arts and Crafts* fundadas por el artesano William Morris como el grupo precursor de un movimiento que consistió en la mezcla entre arte e industria, de una unión inexistente hasta entonces y que aportó sustanciosos cambios no sólo en esas correspondientes disciplinas, sino también en la misma sociedad. Surgieron a partir de 1850, y se constituyeron en Inglaterra primero y en Estados Unidos más tarde. En aquella primera etapa, en Europa, y como defendía Morris, tanto él como quienes participaron de este movimiento, buscaban distanciarse de los procesos de producción en los que interviniese la máquina, así como también de la búsqueda de un resultado estético del producto en sí. Si bien lo consiguieron, lo que no pudieron evitar fue que, cuando surgió la idea de crear este tipo de escuelas en otros países como Alemania, no se mantuvieran los mismos ideales. De este modo, este colectivo actuó como semilla para que en el país teutón surgiese la Unión de Talleres de Arte y Artesanía, fundada en 1897,[1] la cual se regía por unos valores muy similares a la de Inglaterra y que tan sólo diez años después derivaría en otra agrupación que incorporaría la técnica mecánica a la teoría artística.[2]

---

[1] WEST, Shearer. *The visual arts in Germany 1890-1937: Utopia and Despair*. New York: Manchester University Press, 2000, p. 135.

[2] Décadas antes, en los años de 1867 y 1868 se constituyeron en las ciudades de Kassel en primer lugar y Berlín y Munich a continuación, unas escuelas de artes y oficios conocidas como *Kunstgewerbeschule*, que con posterioridad se extenderían a otras localidades alemanas y que contaban con escuelas homónimas en Inglaterra conocidas como School of Arts and Crafts, y a las que se relacionarían figuras como William Morris o John Ruskin.

A finales del siglo XIX, la economía de mercado alemana se encontraba sumida en la inestabilidad. Los centros urbanos se industrializaron más rápidamente que otros núcleos de menor densidad poblacional debido a que el entonces primer ministro Chlodwig zu Hohenlohe favoreció a los intereses industriales y urbanos sobre los agrícolas y rurales. En estas ciudades se produjo un gran aumento del proletariado. Asimismo, fundó la Liga Naval en 1898, lo cual supuso un enorme gasto económico para la nación. En 1900 se produjo un cambio en la presidencia, subiendo al poder Bernhard von Bülow, quien buscó equilibrar industria y agricultura, aunque la inestabilidad en otros sectores seguía candente. Cuando éste dimitió en 1909, fue reemplazado por Bethmann Hollweg, quien tampoco pudo paliar los numerosos problemas que azotaban a la sociedad y economía alemanas.

Fue en ese contexto, y concretamente en la ciudad de Múnich, donde el arquitecto Hermann Muthesius dio forma a la organización que sería conocida como *Deutscher Werkbund*, la cual reunió a un ingente grupo de arquitectos, artistas y artesanos, con la finalidad de ennoblecer el trabajo del artesano mimetizándolo con el industrial y generando una simbiosis entre arte e industria. Arquitectos como Bruno Taut o Henry Van De Velde pertenecieron a este colectivo, así como también Peter Behrens y Walter Gropius. Según Muthesius, los objetivos fundamentales de la *Deutscher Werkbund* se resumían en dos puntos: la calidad en el trabajo y la creación de un estilo característico de la época en la que vivían. El porqué de la desaparición de aquella primera asociación en favor de la *Werkbund* reside en la búsqueda, por parte de los gobernantes de aquella época, de sacar provecho de la modernización del país para potenciar su misión cultural. Esa primera unidad entre artistas y artesanos sufrió las tensiones generadas entre los intereses comerciales y estéticos, a la vez que se debatía entre la individualidad artística, que era su principal aporte, y la mecanización, que iba adquiriendo mayor importancia. Tras estas disputas, se impuso la idea de que mejoras en la producción industrial contribuirían a reforzar esa deseada identidad cultural alemana, con lo que el papel jugado por el Estado fue crucial para su consolidación. Como el propio arquitecto Fritz Schumacher pronunció en 1907, el objetivo último de la *Deutscher Werkbund* era "la reconquista de una cultura armoniosa".[4]

Las diferencias entre la *Deutscher Werkbund* y las *Arts and Crafts* radicaron principalmente en la importancia que desde el primero se otorgó al movimiento moderno para introducirlo en Alemania más que en Inglaterra.[5] Ambas organizaciones coincidían en cuanto a la aportación de una unión y una nueva calidad, pero el camino para su consecución era también diferente. El grupo inglés defendía el ennoblecimiento de los artesanos, cosa que revertiría directamente en su calidad de vida, llevando también a la fabricación como un retorno a la producción manual. Por su parte, el colectivo alemán se apoyaba en el potencial de la maquinaria industrial para desarrollar una producción en serie a la vez que se obtenían mejores resultados. Esa industrialización aplicada por los alemanes antes que otros países contribuyó a que allí se llevasen a cabo mayores avances.

Las *Werkbund* unieron a profesionales de diferente perfil creativo, como artistas y artesanos, para fabricar en serie objetos de uso cotidiano o de decoración haciendo uso de los procesos de mecanización de la industria. Se dividían en dos subgrupos de trabajo: uno de ellos quedaba al cargo de la producción del diseño (entendida ésta como la producción mecánica en masa), mientras que la otra lo hacía buscando preservar la expresión artística industrial (referida a la concepción de la forma del objeto). La unión de ambos, entendida como una unión entre el espíritu del que concibe y el del que ejecuta, dio lugar al concepto de *Industrial Design*.[6] De este modo,

---

[4] SCHWARTZ, Frederic J. *The Werkbund: Design theory and mass culture before the First World War*. Hong Kong: Library of Congress, 1996, p. 13.

[5] STRIKE, James. *De la construcción a los proyectos: La influencia de las nuevas técnicas en el diseño arquitectónico, 1700-2000*. Barcelona: Reverté, 2004, p. 99.

[6] POSENER, Julius. "Der Deutsche Werkbund 1907-1914". En *Arch+59: Vorlesungen zur Geschichte der Neuen Architektur III*, 01/10/1981.

la *Werkbund* fue la primera asociación que tomó en consideración el diseño industrial como tarea primordial en un proceso productivo.

Una de estas agrupaciones en las que mejor se aprecia la industrialización y la especialización de profesionales en el campo del diseño industrial o de producto es la *Österreichischer Werkbund*, la asociación austríaca de la *Werkbund*, la cual, además de constituirse a imagen y semejanza de su homónima alemana, tuvo influencias directas de otra agrupación, también austríaca, que hizo uso de las ventajas que la industrialización trajo consigo: los *Wiener Werkstätte*.

Constituidos en el año 1903, desde estos talleres se defendía el ideal de la *Gesamtkunstwerk* u obra de arte total.[7] Fueron fundados por Koloman Moser y Josef Hoffmann, quienes, gracias a la aportación económica de Fritz Wärndorfer, actuaron como coordinadores de todas aquellas personas que acudían a la agrupación con intención de formarse en oficios como carpintero, peletero, encuadernador o pintor, entre otros. Para su creación, tomaron como referencia los talleres creados por Peter Behrens en el año 1897 en la ciudad de Múnich con el nombre de *Vereinigte Werkstätten für kunst im handwerk* –Talleres Unidos por el Arte en las Artesanías.

En ellos, la formación teórica se complementaba con la práctica y cuya producción aparecía bajo una marca comercial con el sello de la *Wiener Werkstätte*. Estuvieron en funcionamiento desde 1903 a 1928, y entre los colaboradores se encontraban los artistas Gustav Klimt, Oskar Kokoschka, Egon Schiele, Dagobert Peche o Josef Frank. Algunos de ellos crearon en 1914, a imagen y semejanza de la *Deutscher Werkbund*, la *Österreichischer Werkbund*, movimiento que buscaba la interacción entre las artes visuales, la arquitectura y

---

[7] El término de la *Gesamtkunstwerk* fue acuñado por primera vez por el filósofo Karl Friedrich Eusebius Trahndorff en el libro *Ästhetik oder lehre von Weltanschauung und Kunst*, publicado en 1827, y hacía referencia a la creencia en la unión de todas las artes en una sola obra de arte, aspiración que surgió a comienzos del siglo XIX. Décadas después también sería empleado por Richard Wagner, quien la definía como la obra de arte que integraba teatro, música y artes visuales, y ya finalmente sería utilizada por parte de la comunidad que conformaba los *Wiener Werkstätte*.

la artesanía, y cuya forma de trabajo estaba muy próxima a la de los futuros diseñadores industriales, produciendo objetos en los que se tenían en cuenta las características exteriores, su acabado, y las relaciones funcionales y estructurales. Los objetos producidos se daban a conocer a la ciudadanía a través de exposiciones permanentes.[8]

Los componentes de la *Österreichischer Werkbund* alcanzaron una notable popularidad en la sociedad de la época y entre ellos cabría destacar, en primer lugar, a Josef Zotti, quien, además de arquitecto, desarrolló una notable actividad como diseñador, ideando una colección de mobiliario de mimbre que le llevaría a convertirse en un productor líder de ventas en Centroeuropa. Igualmente destaca la figura de Walter Sobotka, arquitecto, que diseñó mobiliario comercializado en Austria y la extinta Checoslovaquia, o Fritz Zeymer, también arquitecto, que, al igual que sus colegas, se adentró en el campo del diseño para abordar proyectos diversos de cartelería, ilustración, mobiliario e incluso moda. Otro caso que ejemplifica el papel jugado por estos profesionales es Oskar Strnad, arquitecto, escultor y escenógrafo, que se ocupó de la escenografía de importantes óperas como la Estatal de Viena o la de Salzburgo, y que participaría en este campo del diseño adelantándose a los creativos estadounidenses.

Fue notable la figura de Julius Jirasek, que, además de adquirir una formación en la Escuela de Artes Aplicadas como arquitecto, trabajó como responsable de los talleres Hagenauer,[9] para los que diseñó joyas, cerámica, artefactos de iluminación, cristalería y mobiliario de interior y de exterior, desarrollando formas sencillas y funcionales, haciendo uso de materiales diversos a la par que contemporáneos. Orientó sus diseños hacia objetos de uso cotidiano que llegaron a ciudades como Milán, París, Salzburgo, e incluso Chicago, sirviendo como modelo europeo para la coetánea hornada de diseñadores industriales americanos a través de una exposición que recibió el

[8] EISLER, Max. *Österreichische Werkkultur*. Wien: A. Schroll, 1916.

[9] BEYERLE, Tulga. HIRSCHBERGER, Karin. *A Century of Austrian Design: 1900-2005*. Basel: Birkhäuser, 2006, p. 123.

nombre de *El objeto bueno y barato –Der gute und billige Gegenstand–* celebrada en Viena entre noviembre de 1931 y enero de 1932.

Todos ellos, de una forma u otra, entraron en contacto con Josef Hoffmann, arquitecto que promovió y participó activamente en la formación de agrupaciones en las que no sólo se aunaba arte y técnica, sino que también hizo de la arquitectura una profesión multidisciplinar. El rasgo que comparten todos estos diseñadores es su formación académica: se formaron en Arquitectura, para, con posterioridad, ejercer en otros sectores con tanto o más éxito que en el propio campo de la arquitectura. Su versatilidad y el contexto histórico en el que convivieron, les llevó a desarrollar su actividad en diferentes campos de trabajo, experimentando en el sector del diseño de producto, un campo inédito hasta la fecha.

Los *Wiener Werkstätte* son la prueba evidente del cambio de orientación en lo que hasta comienzos del siglo XX era el embellecimiento del producto mediante recursos artísticos. Los valores estéticos dejaron de ser un añadido para pasar a ser algo intrínseco al propio objeto. Y junto con la mecanización en la fase de fabricación y satisfaciendo las exigencias estéticas del mercado, contribuyeron al nacimiento y consolidación del diseño industrial, una disciplina basada en la simbiosis entre estética y tecnología aplicada a la producción de objetos de uso cotidiano.

Volviendo a Alemania, cuna de la primera *Werkbund*, en 1919 abría sus puertas una escuela fundada por Walter Gropius y considerada como el primer centro de formación de diseñadores gráficos e industriales. Conocida como *Bauhaus*, fue el resultado de la unión de la Escuela de Bellas Artes y la Escuela de Artes y Oficios, y en ella, según su manifiesto, se buscaba recuperar los métodos artesanales en la actividad constructiva e intentar comercializar los objetos producidos industrialmente para hacerlos llegar al gran público. Destacó en campos como la arquitectura, la pintura, la fotografía y el diseño gráfico, con exponentes que alcanzaron gran popularidad.

Gropius fue discípulo de Peter Behrens, quien trabajó durante parte de su trayectoria profesional para la compañía AEG y le transmitió su método de trabajo, llevándole a apostar por los métodos de producción en serie. Aplicó su filosofía a las enseñanzas impartidas en este centro, que pronto se identificaría con el principio de "la forma sigue a la función". La institución como tal se convirtió en un referente dentro de las artes, otorgando una mayor importancia al campo arquitectónico, y buscando unirlas a todas también bajo la obra de arte total concentrada en la arquitectura.

Estableció su propia corriente, que con posterioridad sería conocida como el estilo internacional, y suponía una ruptura con el estilo academicista imperante hasta el momento. Su filosofía se encontraba muy próxima a la de la *Werkbund*, apostando por la democratización del diseño, y con el paso de los años fue incorporando ideas de movimientos vanguardistas europeos como *De Stijl*, de la mano de Theo Van Doesburg, o del constructivismo con László Moholy-Nagy, entre otros, mostrándose más próxima a las corrientes ideológicas de carácter social.

Paralelamente, el éxito de la actividad desempeñada por las *Werkbund* centroeuropeas y el nacimiento de la Bauhaus, se hizo eco en Estados Unidos, donde ya los visionarios veían en el diseño industrial un nuevo campo adaptado a los tiempos y vinculado directamente con el mundo del arte. Uno de ellos, tal vez el pionero, fue John Cotton Dana,[10] fundador en 1909 y director hasta su muerte en 1929, del Newark Museum de Nueva Jersey. En dicha institución se exponían objetos comerciales americanos producidos en serie como muestras de arte popular, siendo éstas las primeras exposiciones de arte industrial en territorio estadounidense. La atracción que sentía Dana por el campo del diseño le llevó a organizar y coordinar en 1912 la primera muestra de trabajos producidos por la *Deutscher Werkbund*, la cual contenía alrededor de 1.300 objetos entre los que también figuraban trabajos de diseño publicitario. La importancia otorgada al diseño industrial por parte de estas agrupaciones, así como las campañas publicitarias en torno a su producción, despertaron la atención de profesionales y fabricantes, llevándoles, tiempo después, a emplear métodos similares para potenciar sus productos.

[10] MAFFEI, Nicolas. "John Cotton Dana and the politics of exhibiting industrial art in the US, 1909-1929". En *Journal of Design History*, 2000, pp. 45-67.

Poco tiempo después, en Austria, y como consecuencia de la Primera Guerra Mundial a la que se sumó la caída del imperio de los Habsburgo, los diseñadores vieneses buscaron vías de escape ante la crisis en la que se encontraba sumido el país. Una de esas vías la encarnó Joseph Urban, quien se había trasladado a Nueva York antes de la contienda en 1911. Allí abrió unos grandes almacenes en los que ofrecía a sus clientes objetos producidos por la *Wiener Werkstätte* a bajos precios.

A pesar de su esfuerzo, en 1932 se vio obligado a cerrar, porque, aunque en un principio gozó de un gran éxito, pasado el tiempo las ventas fueron descendiendo, siendo la prueba evidente de que no había enfocado bien el negocio.[11] Las pérdidas se fueron agravando porcentualmente hasta acabar ahogando a la empresa.

De regreso al Viejo Continente, fue el colectivo austríaco de la *Österreichischer Werkbund*, el que intentaría levantar al sector, organizando diversas y muy publicitadas exposiciones que atrajeron a numerosos compradores.[12] Aún así, se vivían episodios de gran tensión entre los miembros del grupo, cuyas diferencias iban en aumento, hasta el punto de que acabaría escindiéndose pocos años después.

[11] Se plantearon dos vías de venta: Una de productos de alta calidad hechos a mano dirigida a gente pudiente, y otra con productos "populares" y a bajo costo, dirigidos a un público de clase media más amplio. En un primer momento, funcionó exitosamente, pero con la Gran Depresión, las ventas de los productos más caros cayeron estrepitosamente, mientras que los de menor coste no fueron suficientes para suplir las pérdidas. El impacto de la crisis y la mala gestión se vieron sepultados, además, por la ideología norteamericana que entonces comenzaba a aflorar y que defendía que los objetos diseñados exclusivamente para los ricos, con independencia de los costes, eran incompatibles con los tiempos modernos. LONG, Christopher. "The Werkstätte Hagenauer: Design and marketing in Vienna between the World Wars". En *Studies in the Decorative Arts*, Vol. 10, No. 2, 2003, p. 3.

[12] Diferencias ideológicas llevaron a que la Österreichischer Werkbund se disolviera en 1920, dando lugar a dos agrupaciones que mantenían su planteamiento y filosofía. La primera de ellas se fundó en 1920 y fue bautizada como Wiener Werkbund. La segunda tomó forma en 1923 y pasó a ser conocida como la Steiermärkischer Werkbund. En 1926, la fragilidad de ésta última la llevó a disgregarse, quedando operativa únicamente la primera, la cual se transformaría nuevamente en la entonces desaparecida Österreichischer Werkbund.

La crisis de la posguerra no fue únicamente económica. También fue una crisis creativa, pues, como afirmó Josef Frank, el estilo se había quedado estancado. No sería el único con esta idea, puesto que, mientras que en arquitectura el Movimiento Moderno se iba instaurando, en el campo del diseño industrial no se habían producido avances, viéndose todavía, a pesar de la mecanización, muy influido desde el punto de vista estético por la artesanía. El crítico de la época Arthur Roessler dijo "... esos cientos de objetos y pequeñas cosas no están pensados para el presente, mucho menos para el futuro...",[13] haciendo alusión a que en la mayoría de los casos, se encontraban desfasados.

Otra de las vías puestas en práctica para alcanzar el resurgimiento artístico y económico austríaco llegó con la participación de la nación en la *Exposition International des Arts Décoratifs et Industriels Modernes*, celebrada en París el año 1925. La muestra supuso una renovación del interés por la producción industrial austríaca.[14] El evento propició que los productos austríacos volvieran a ser distribuidos en Estados Unidos a través de grandes almacenes. Fueron años en los que los diseños austríacos tuvieron una gran aceptación entre un sector pudiente de la sociedad, que en aquel entonces, y como consecuencia del aumento de la producción, llevó a la ciudadanía a querer decorar y personalizar sus casas. Un periodo de tiempo

[13] "All diese vielen hundert Dinge und Dingelchen, die im Stil eine Abwandlung sozusagen eines Geschmackes in und an Vielen Gegenständen darstellen, haben geistig kaum mehr Gegenwartswert, sicherlich aber keinen zukunftswert, so gefällig und hübsch, so spielerisch lauenhaft und witzig wie sie im einzelnen Stück such gestaltet sein mögen, denn sie sind durchwegs allzusehr mit stofflicher kostbarkeit und kostspieligkeit belastet." ROESSLER, Arthur. "Kunstschau, Kunstgeworbeschule, Wiener Werkstätte und Österreichischer Werkbund". En *Die Wage*, 22. Vienna, 2/10/1920.

[14] Austria participó con un pabellón diseñado por Josef Hoffmann e inspirado en el Café Vienés creado por Josef Frank. El propio Hoffmann fue uno de los más activos personajes de la época para el levantamiento del país, y ferviente defensor de la producción artística austríaca, lo cual se desprende de las siguientes palabras pronunciadas por él mismo en el año 1920: "El carácter individual de las Arts & Crafts vienesas reside en su agradabilidad, en su delicada sensibilidad, en la facilidad y la gracia de su creatividad". Fue una descripción que utilizaría para apoyar el trabajo de los jóvenes diseñadores que venían detrás.

que se extendió hasta finales de esa misma década, concretamente hasta la llegada de la Gran Depresión, pues a partir de entonces, las ventas de productos austríacos, cada vez más caros que los producidos industrialmente, cayeron vertiginosamente. El impacto de la Gran Depresión condujo a la desaparición de los *Wiener Werkstätte* americanos. Un producto exquisitamente elaborado a mano dejó de tener cabida en los tiempos modernos.

La filosofía de los *Wiener Werkstätte* pretendía buscar la belleza a través de las formas. Adolf Loos, en la primavera de 1927, señaló: "el espíritu moderno es un espíritu social, y los objetos modernos deben existir no sólo para la clase alta, sino para todo el mundo",[15] afirmación que fue llevada a la práctica por precursores del diseño desarrollado en Estados Unidos como Raymond Loewy, Walter Dorwin Teague y otros tantos, trasladando el diseño al conjunto de la población, democratizándolo o popularizándolo y estableciendo un punto de partida para el reconocimiento de la profesión.

Volviendo a la *Bauhaus*, el ascenso del NSDAP en Alemania fue determinante para su desaparición. La relación de la escuela con los movimientos de izquierdas le llevó a mantener numerosos enfrentamientos con el partido nazi antes incluso de su llegada al poder, partido que además siempre se mostró a favor de un estilo academicista. Fue en el año 1932 cuando el NSDAP aprobó la propuesta para el cierre de la *Bauhaus* de Dessau. Por insistencia de Mies van der Rohe se trasladó a Berlín, pero un año después, en 1933, éste, que se había convertido en su director, se vio obligado a disolverla. Con todo, su desaparición en Europa le abrió las puertas en América. El desembarco de Walter Gropius, Marcel Breuer, László Moholy-Nagy y los restantes representantes de la prestigiosa escuela alemana en torno a 1937 en Estados Unidos, supuso un punto de inflexión en el panorama cultural norteamericano.

---

[15] "Modern spirit is a social spirit, and modern objects exist not just for the benefit of the upper crust, but for everybody..." Publicado en *Neues Wiener Journal* el 23 de abril de 1927.

El diseño europeo había gozado siempre del éxito de la crítica estadounidense, adicta a todo lo que viniera del viejo continente en cuanto a signo de distinción, ya fuese social o cultural, y su irrupción en Norteamérica actuaría como competidor directo del estilo americano, presentándose como la tendencia alternativa, hecho que no se había dado hasta entonces. Este grupo de arquitectos y artistas fundaron el año 1937 la *New Bauhaus* en Chicago, quedando al frente de la misma Moholy-Nagy, con tres profesores, también emigrados de Europa, como permanentes: el diseñador industrial alemán Hin Bredendieck, el pintor húngaro Gyorgy Kepes y el escultor y diseñador ucraniano Alexander Archipenko, junto con un número variable de profesores visitantes pertenecientes en aquel entonces a la universidad de Chicago. El primer año se inscribieron veinticinco alumnos, y tras un año y por motivos económicos, se vieron obligados a clausurarla, aunque en 1939, nuevamente Moholy-Nagy reabrió la escuela bajo el nombre de *Chicago School of Design*, contando de nuevo con Kepes, Archipenko y con el filósofo estadounidense Charles Morris.[16]

Poco después de la irrupción de algunos de los representantes de la Bauhaus, también llegarían hasta el nuevo continente los diseños de otros arquitectos y diseñadores escandinavos, como Arne Jacobsen o Alvar Aalto, que complementarían a la ya reconocida corriente racionalista. De hecho, estas opciones estilísticas se repartieron el mercado en función de los gustos de los distintos sectores sociales o de las posibilidades de los diversos segmentos productivos, gozando ambas, la americana y la europea, de una notable repercusión mediática.

La corriente racionalista venida de Europa defendía la búsqueda de una forma que se adecuara de la mejor manera posible al desarrollo de la función, con la finalidad de alcanzar un diseño inmejorable. El fundador de la *Deutscher Werkbund*, Hermann Muthesius, opinaba que los diseños sencillos ya poseían de por sí un atractivo especial, motivo por el que no era partidario de buscar la belleza de las

---

[16] BORCHARDT-HUME, Achim. *Albers and Moholy-Nagy: from the Bauhaus to the New World*. New Haven: Yale University Press, 2006, p. 174.

formas.[17] Walter Gropius, influido en su juventud por el arquitecto alemán y promotor de la *Deutscher Werkbund* Hermann Muthesius, presentó el año 1909 un memorándum sobre la tipificación y la producción en serie de pequeñas viviendas empleando únicamente lo mínimo e imprescindible. La mecanización de la arquitectura también llegaría a los Estados Unidos tras su desembarco, acompañada de una serie de ideas dirigidas a economizar el proceso constructivo.[18] También hizo lo propio el arquitecto alemán Konrad Wachsmann, quien presentó un sistema de montaje de viviendas compuestas por seis piezas estandarizadas que podían ser ensambladas de diferentes formas.[19]

La construcción prefabricada captó la atención de muchos empresarios americanos, como es el caso de los dirigentes de la compañía *The Harman Corporation of Philadelphia*, que, con la ayuda del arquitecto alemán Oscar Stonorov, desarrollaron un sistema constructivo mediante paneles de acero que se ensamblaban con un destornillador eléctrico y en el que el cableado eléctrico y la instalación de cañerías se habían diseñado como unidades compactas de la misma forma que se ejecutaba en los aviones. Tanto Stonorov, como Wachsmann y Gropius, huían de cualquier tipo de ornamentación, alegando que buscaban la belleza y la practicidad en la forma como ya había manifestado tiempo atrás Adolf Loos,[20] lo cual significaba que la corriente racionalista era una motivación distinta al *styling* norteamericano porque, como afirmaba Dieter Rams, ésta siempre pretendía alcanzar diseños atemporales y universales.[21]

[17] POSENER, Julius. "Der Deutsche Werkbund 1907-1914". En *Arch+59: Vorlesungen zur Geschichte der Neuen Architektur III*, 01/10/1981.

[18] PEVSNER, Nikolaus. *Pioneros del diseño moderno. De William Morris a Walter Gropius.* Buenos Aires: Ediciones Infinito, 2000, p. 38.

[19] PULOS, Arthur J. *The American Design Adventure, 1940-1975.* Boston: Massachusetts Institute of Technology, 1988, p. 36.

[20] LOOS, Adolf. *Ornamento y delito*, 1908, en *Paperback* n°7. Escueladeartenúmerodiez, 2011, p. 5.

[21] RODRÍGUEZ ORTEGA, Nuria. Manual de teoría y estética del diseño industrial. Málaga: Universidad de Málaga, 2002, p. 304.

Dieter Rams irrumpió en la escena creativa a mediados del siglo XX y desde entonces ha sido uno de los diseñadores más influyentes dentro del diseño industrial europeo, así como también de las tendencias racionalistas que llegaron a los Estados Unidos. Se involucró en el mundo del diseño desde pronta edad de la mano de su abuelo, quien poseía un taller de ebanistería en el que Rams dio sus primeros pasos. El desarrollo de su actividad profesional es indisoluble a la compañía Braun, para la que trabajó durante varias décadas, comenzando en un punto de la historia en el que la situación socioeconómica de su país, en plena reconstrucción tras la Segunda Guerra Mundial, atravesaba tiempos complicados. La empresa Braun estaba sufriendo una remodelación integral, y Dieter Rams jugaría un papel crucial en el cambio de rumbo de la misma. Comenzó trabajando en pequeñas colaboraciones dirigidas a la decoración de interiores en 1955, cuando tan sólo contaba con 23 años de edad, y un año más tarde, Fritz Eichler, por aquel entonces Director de Diseño de la compañía, se hizo con sus servicios para que formase parte del equipo de diseño. Su labor se vio muy influida por la Escuela de Ulm, fundada en 1953 en la ciudad alemana del mismo nombre, donde entró en contacto con Hans Gugelot.

De dicha relación tomaría forma un nuevo concepto bautizado como *Gute Form* (o Buen Diseño). Se trataba de un planteamiento basado en el funcionalismo y el esencialismo, que Rams puso en práctica en los objetos diseñados para *Braun*, en los que se apreciaba una completa ausencia de decoración y el empleo de una paleta de colores reducida, estando basados en formas geométricas y siempre dando prioridad a la funcionalidad.[22] Rams buscaba hacer desaparecer la dualidad entre forma y función, sacando el máximo partido estético al solucionar cuestiones funcionales apostando por una filosofía de diseño descrita como *Weniger, aber besser* (Menos, pero con mejor ejecución),[23] focalizada en la funcionalidad de los productos y en la

[22] SALMÓN FEIJOO, Nicole. *Análisis comparativo de dos miradas sobre el diseño: Raymond Loewy y Dieter Rams. Creación y Producción en Diseño y Comunicación*. Buenos Aires: Universidad de Palermo, 2010, p. 58.

[23] Como el propio Rams afirmaba, "As designers we have a great responsibility. I believe designers should eliminate the unnecessary. That means eliminating everything that is modish because this kind of thing is only short-lived".

"estética honesta" hacia la misma, reduciendo a la mínima expresión
sus atributos estéticos y obteniendo como resultado productos de
carácter austero y neutral.

La *Gute Form*, influida por las teorías de la Escuela de Ulm apoyadas
en la integración de la ciencia al diseño y en las nuevas tecnologías y
métodos de producción, contaba con una serie de principios básicos
que se convirtieron en el estandarte del racionalismo europeo. Éstos
eran los siguientes:

1. El buen diseño es innovador
2. El buen diseño hace útil al producto
3. El buen diseño es bello
4. El buen diseño ayuda a entender el producto
5. El buen diseño es discreto
6. El buen diseño es honrado
7. El buen diseño es duradero
8. El buen diseño es coherente hasta el último detalle
9. El buen diseño es responsable con el medio ambiente
10. El buen diseño es el de absoluta mínima expresión

Analizando la evolución del diseño industrial, podría establecerse
una especie de eje cronológico desde Muthesius hasta Rams, desde
la *Deutscher Werkbund* hasta *Braun*. Walter Gropius fue discípulo de
Muthesius. Es considerado como uno de las figuras más relevantes
de la *Bauhaus*, institución en la que estudió Max Bill, quien fundó la
Escuela de Ulm. Asimismo, Dieter Rams se formó en dicha escuela y
posteriormente se convirtió en el estandarte, en cuanto a diseño se
refiere, de la compañía alemana Braun.

Pero de la misma forma en que el diseño europeo penetró en el mercado estadounidense, la influencia del diseño americano también
se dejó sentir en Europa. La importancia de estos pioneros hizo que,
diseñadores y fabricantes italianos a partir de los años cincuenta
comenzasen a asociarse con diferentes empresas, produciendo fér-
tiles alianzas entre arte e industria. A finales de los años cuarenta
Italia había desarrollado ya un estilo de diseño caracterizado por una
elegante modificación de las formas aerodinámicas, visible en productos habituales como la máquina de escribir de *Olivetti*, la Lexikon 80
diseñada por Marcello Nizzoli, o la motocicleta *Vespa* de *Piaggio*. Se

estableció un triángulo del diseño conformado por las ciudades de Milán, Turín y Génova, bautizado como *Bel Design*. Se nutría de la tradición cultural artesanal y de las innovaciones técnicas y creativas. La influencia del *styling* y el *streamline* era innegable, pero la gran diferencia residía en el tipo de público al que iban dirigidos los productos, pues el *Bel Design* estaba orientado a grupos sociales de gran poder adquisitivo que exigían la exclusividad de las piezas.

La repercusión que tuvo el papel de los pioneros del diseño norteamericanos en la sociedad fue muy influyente. Se inspiraron en una herencia ideológica en la que cabría remontarse a la mezcla de arte e industria que se dio en los *Wiener Werkstätte*. A ésta le sucedería la *Deutscher Werkbund* y la escuela de la *Bauhaus*, con la finalidad de ubicar los orígenes de la figura del diseñador industrial y la estandarización de su producción, y ya por último, y siempre entendiendo que la que aquí se describe no fue la única vía de desarrollo de dicha profesión, se llegaría a los pioneros norteamericanos, que fueron quienes, además de continuar con esa unión entre arte e industria, consiguieron popularizar sus objetos a través del uso de las herramientas de la comunicación.

Desde el punto de vista arquitectónico, al finalizar la guerra, las compañías se volvieron a centrar en la reestructuración de las operaciones comerciales y la mercadotecnia, lo cual suponía el replanteamiento de las formas y los métodos que parecían quedar obsoletos. Para ello se hizo uso de los nuevos avances que el conflicto dejó tras de sí. En los años 50 el estilo Internacional de Mies van der Rohe y de la escuela *Bauhaus* de Walter Gropius influyó,[24] como también estaba ocurriendo con el *styling*, en la construcción de edificios. Comenzaron a aparecer estructuras de acero, grandes paños de vidrio y cubiertas planas con voladizos, aplicando las teorías funcionalistas. Un ejemplo de ello es la gasolinera diseñada por el propio Mies para la compañía Esso en la isla de Nun's, en Canadá. En el diseño de producto, la empresa defendía igualmente el empleo de materiales modernos, la búsqueda de resultados efectivos y siempre utilizando únicamente lo estrictamente necesario, de tal forma que la produc-

[24] PEARLMAN, Jill E. *Inventing american modernism: Joseph Hudnut, Walter Gropius, and the Bauhaus legacy at Harvard*. Charlottesville: University of Virginia Press, 2007, p. 76.

Imágenes de la estación diseñada por Mies van der Rohe en la isla de Nun's

ción en serie reducía los costes y permitía alcanzar un margen de beneficios mucho más amplio de los obtenidos hasta entonces.

Fue éste un periodo en el que se dieron dos actitudes básicas respecto a la estética. Por una parte, la más intuitiva, capitaneada por Raymond Loewy y protagonizada por un conjunto de diseñadores norteamericanos que tendían a recuperar el concepto romántico del artista-genio que desarrollaba su obra fundamentalmente a partir del impulso creativo de la inspiración –la figura acuñada como *artist-designer*–. De otro lado existía una actitud basada en una aproximación científica al diseño, en la que se buscaba la legitimidad del trabajo del diseñador apelando a criterios racionales y metódicos. Una forma de trabajo iniciada por los diseñadores europeos y continuada por algunos de los diseñadores estadounidenses que abrieron una nueva senda dentro del ya instaurado estilo americano.

En este sentido hay que considerar la corriente racional/funcionalista, así como también los estudios de ergonomía y antropometría[25] aplicados al diseño que se iniciaron en esta época de la mano de

[25] ARCENEAUX, Marc. *Streamline: art and design of the forties*. Ann Arbor: Troubador Press, 1975, p. 22.

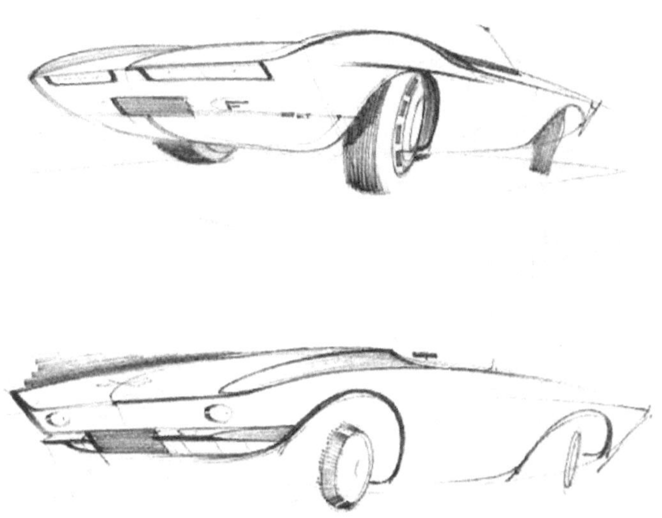

Ejemplo de una actitud intuitiva frente al diseño.
Bocetos para Studebaker realizados por Raymond Loewy

los diseñadores Harold Van Doren, Norman Bel Geddes y Henry Dreyfuss, y que respondían a todas las críticas vertidas desde los defensores del racionalismo hacia la filosofía del *styling*, buscando contrarrestar la opinión de aquellos que afirmaban que esta línea carecía de una sólida base teórica e ideológica. Las diferencias entre ambas tendencias eran sustanciosas, hasta el extremo de ser consideradas como contrapuestas, tanto desde el punto de vista formal, como desde el punto de vista ideológico.

En Estados Unidos no llegó a producirse una incompatibilidad entre el consumismo dirigido por el mercado y dominado por las ventas, y el diseño obtenido de una manera racional y que, en consecuencia, ofrecía la garantía de un funcionamiento correcto. De hecho, ambas corrientes consiguieron hacerse con sectores diferentes de público.

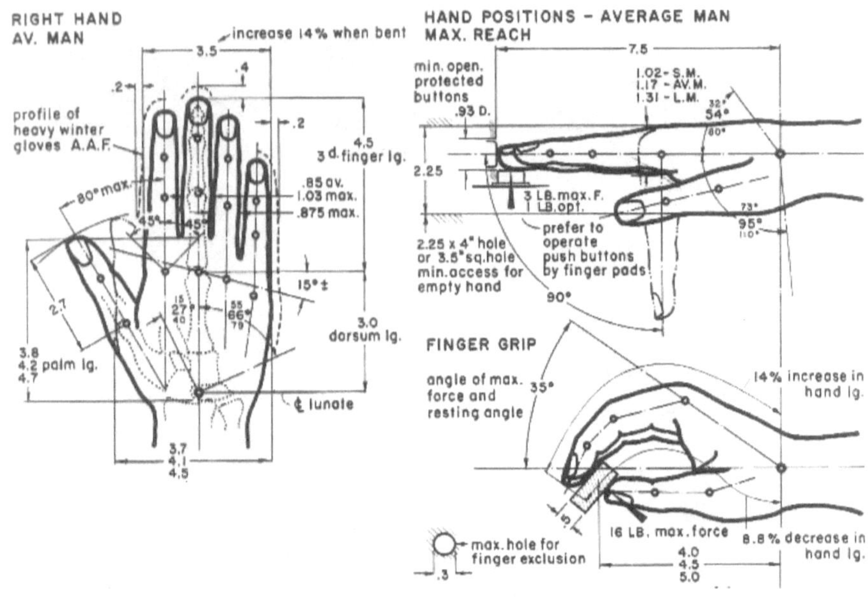

Ejemplo de una actitud racional/funcionalista frente al diseño.
Dibujos de Henry Dreyfuss para su trabajo *The Measure of Man*

Mientras que el racionalismo podía tener mayor aceptación entre un usuario que asociaba el movimiento a un determinado sector social o cultural atraído por el diseño europeo, por su parte, el *styling* triunfaba entre los ciudadanos que defendían el estilo americano como propio de su cultura, identificado a través de un eslogan que alcanzó una gran repercusión: el *"American Way of Life"* –que también contaba con una importante carga política, pues con él se pretendía hacer ver a la gente las diferencias existentes entre la sociedad estadounidense y la soviética, en unos años en los que ambas naciones entablaron una confrontación conocida como la Guerra Fría–. Así, por ejemplo, un empresario demandaba mobiliario de corte racionalista para sus despachos, pero a la vez conducía un coche Studebaker de clara estética *styling* diseñado por Raymond Loewy.[26]

En este sentido, cabe destacar que estas innovaciones se introdujeron antes en los elementos de consumo que en la arquitectura, probablemente porque la vida útil y el precio de los objetos de consumo era menor. Algunos de los primeros ejemplos de arquitectura a este respecto se encuentran en la costa oeste norteamericana, donde una tipología de vivienda moderna, en la que se hacía uso de nuevos materiales industrializados, adquirió popularidad. El propio Raymond Loewy le encargó al arquitecto Albert Frey en 1946 el diseño de una característica vivienda californiana en la que, al igual que en las *Case Study Houses* de Richard Neutra, Pierre Koenig, los Eames o Craig Ellwood, entre otros, se reunían ideas de la modernidad.

Hasta llegar a la actualidad, se han llevado a cabo numerosos y laboriosos procesos de investigación que han precedido a la aparición de innovadoras técnicas y a mejoras mecánicas, aplicadas directamente sobre las arquitecturas de la época en las que dichos avances se iban produciendo, lo cual es apreciable, por ejemplo, en los sistemas ligeros de las mismas *Case Study*, las mejoras en las estructuras metálicas aportadas por Marcel Lods o las estructuras de hormigón prefabricado propuestas por Angelo Mangiarotti.[27] También en el empleo de la chapa plegada y las fachadas paneladas diseñadas por el francés Jean Prouvé,[28] autor de la Casa pórtico y todas las variantes que surgieron a raíz de ésta.[29] La industrialización aplicada a la arquitectura fue también ensalzada por el propio Le Corbusier, quien entendía que la estandarización llevada a cabo en objetos y utensilios debía ser extrapolada a los elementos de la vivienda.[30]

---

[26] RODRÍGUEZ ORTEGA, Nuria. *Manual de teoría y estética del diseño industrial.* Málaga: Universidad de Málaga, 2002, pp. 330-334.

[27] ARAUJO, Ramón. "Cadenas de montaje". En *Arquitectura Viva - Industry Builds* n° 156, 10/13, p. 8.

[28] GRAF, Franz. "La chapa plegada: un paradigma constructivo". En *AV Monografías – Jean Prouvé 1901-1984*, n°149 - 2011, pp. 60-69.

[29] DE LAPUERTA, José María. "Prefabricación y vivienda: alternativas ligeras". *AV Monografías – Jean Prouvé 1901-1984*, n°149 - 2011, pp. 78-87.

[30] COLOMINA, Beatriz. *Privacidad y publicidad. La arquitectura moderna como medio de comunicación de masas.* Murcia: CENDEAC, 2010, p. 105.

DE LOS *WIENER WERKSTÄTTE*,
LAS *WERKBUND* Y LA
BAUHAUS A LOS PIONEROS
ESTADOUNIDENSES

El origen y consolidación de la profesión de diseñador industrial trajo consigo toda una serie de ventajas para el conjunto de la sociedad que contribuyeron a un cambio radical de la misma. Las *Werkbund* primero y la *Bauhaus* después, trabajaron en el desarrollo de la fabricación en serie de una ingente cantidad de objetos, abaratando costes y rebajando el precio final, lo que contribuyó a la aproximación de un mayor número de productos a todas las capas de la sociedad. Utensilios de cocina, muebles, prendas de ropa o herramientas de trabajo, se tornaron accesibles al gran público y comenzaron a ser comunes entre las gentes de las primeras décadas del siglo XX.

El cuidado de las formas, la búsqueda de la belleza y la inclusión de profesionales procedentes de diferentes ramas del mundo del diseño llegaría con la aparición de los *Wiener Werkstätte*. Fueron éstos unos talleres en los que, además de formar a profesionales en distintos campos del diseño, en ellos también se producían objetos. Se desarrollaron como uno de los primeros precedentes en los que la unión de arquitectos, artistas y artesanos se convirtió en una realidad, lo que permitió el intercambio de ideas y conocimientos entre sus miembros, contribuyendo a la humanización de lo producido.

Fueron ejemplares en cuanto a que supieron anteponerse a las adversidades, como por ejemplo, aquellas derivadas de la Primera Guerra Mundial, cuando las materias primas eran escasas. Ante la precaria situación se optó por utilizar otro tipo de materiales, de peor calidad y duración, lo que suponía que los objetos producidos eran menos duraderos, pero también más económicos. El propósito de esta agrupación era el de crear, con cada elemento producido, una obra de arte, lo que les llevaba a una producción reducida y no tan rápida como las de las *Werkbund*. Todo esto, sumado al empobrecimiento de la nación y la carencia de materiales, contribuyó al distanciamiento de la idea primigenia y capital, al alejamiento de la filosofía que había distinguido desde su fundación a estos talleres, la de la obra de arte total, lo que desembocó, irrevocablemente, en la desaparición de los mismos. Hasta el instante mismo en que se disgregaron, el público al que se había orientado su producción fue un sector principalmente de clase media-alta.

La *Deutscher Werkbund*, desaparecida en 1934, poco tiempo después de los talleres vieneses, cesó su actividad en 1918 durante un breve periodo de tiempo como consecuencia de la Primera Guerra Mundial, pero pronto se restableció para continuar en activo. Era ésta una asociación que buscaba mejorar la calidad y la productividad de los productos alemanes, y para ello defendía y se apoyaba en los procesos de industrialización. Uno de sus aspectos más positivos fue el de propiciar y apoyar los contactos entre empresarios y diseñadores, pues entendían que eran agentes con un importante papel a desarrollar dentro del nuevo mercado que se estaba configurando. La financiación procedente del gobierno alemán, muy interesado en su competitividad como nación, fue crucial para su establecimiento y consolidación, aunque posteriormente comenzasen a surgir polémicas internas vinculadas a su ideología.

En Estados Unidos el desarrollo del diseño se orientó hacia el conjunto de gentes sin distinción aparente entre sus diversas economías, probablemente por no existir entre las capas de la sociedad un sentimiento de estratificación como sí ocurría en Europa. Este hecho es uno de los puntos distintivos más útiles para entender el fracaso y el éxito de un modelo, el de los *Wiener Werkstätte* europeos, y otro, el de los pioneros norteamericanos.

Durante los años en los que los talleres vieneses estuvieron en funcionamiento se produjeron notables avances en la industria de los medios de transporte. Dichas mejoras también fueron causadas por el diseño, con el que se buscó mejorar la capacidad de rozamiento frente al viento aplicando los avances producidos en el campo de la aerodinámica, de tal manera que las formas curvas y redondeadas comenzaron a ser más comunes.

Las consecuencias de las guerras sufridas por Europa dejaron a los Estados Unidos en una mejor posición dentro del mercado. Quizá por ello los *Wiener Werkstätte* creyeron que trasladándose hasta América, podrían subsistir y salir adelante. Pero la sociedad estadounidense no tenía las mismas necesidades que la austríaca, y su duración fue más bien corta.

Logotipo de los Wiener Werkstätte
para la tienda de Nueva York

Los diseñadores americanos supieron sacar partido a la filosofía
creativa de los austríacos y el deseo de éstos de acercar el arte a
todos los hogares, buscando crear objetos que estéticamente resul-
tasen atractivos para el conjunto de la población. Continuaron con
el mecanismo de producción en serie propio de las *Werkbund*; y ello
junto con la idea también de la *Bauhaus* de poder abarcar todos los
estamentos que componían la sociedad de la época, sin distinción
alguna, lo entrelazaron, de manera que los diseños eran proyectados teniendo en cuenta las posibilidades que brindaba la maquinaria a la hora de su fabricación seriada. Pronto se percataron de que
las formas curvas, además de ser, desde el punto de vista estético
aceptadas por gran parte de la sociedad, eran asimismo las de más
fácil producción, de tal forma que no tardaron en convertirse en
objeto de la mayor parte de los diseños generados sin distinción de
uso o aplicación.

Desde el punto de vista cultural, el nuevo estilo se erigió como el
reclamo publicitario que la sociedad ansiaba desde hacía tiempo. A
partir de entonces iban a contar con un estilo propio que rompiese
de una vez por todas con las influencias llegadas desde Europa. De
esta forma, el nuevo estilo americano quedó fuertemente vinculado
al *American Way of Life*, contribuyendo notablemente a la fama y a la
prolongación a lo largo del tiempo del mismo. El modelo empresarial
generado alrededor del *Styling* funcionó mucho mejor y se perpetuó
durante mucho más tiempo que el de los *Wiener Werkstätte* o las
Werkbund por diferentes motivos como la orientación hacia determinados sectores de mercado, o por la forma de afrontar cada proyecto.

Considerando ambos modelos, el europeo y el estadounidense, como
de gran importancia e influencia en la historia del diseño industrial,
su comparación es muy útil para valorar realmente el alcance del
diseño norteamericano. El sector al que iba dirigida la producción de
los diseñadores vieneses, de cierto poder adquisitivo, actuó en su
propio perjuicio frente a los diseñadores estadounidenses, quienes
prefirieron orientar sus diseños a la sociedad en general. En el caso
de la *Bauhaus*, su posicionamiento político-cultural les llevó a tener
un público también restringido. En Estados Unidos, aún a pesar de

que la sociedad estaba estratificada, las desigualdades culturales no jugaban el mismo papel que en Europa. Los diseños creados en los *Wiener Werkstätte*, pensados para la clase media-alta, gozaron de éxito durante dos décadas, e incluso permitieron la expansión de la empresa por diferentes ciudades austríacas y de otros países, pero la pérdida de poder adquisitivo de un público adinerado, preferentemente judíos, les llevó a la desaparición. De igual modo, el trato otorgado a cada producto, con el que estaban dispuestos a trabajar durante días, así como el empleo de determinados materiales de cierto valor, encarecía su precio final y reducía la posibilidad de adaptación a los hogares vieneses.

Los objetos producidos en estos talleres podrían ser entendidos como productos de cierto elitismo, enfocados hacia un público selectivo capaz de apreciar el valor artístico del objeto en sí consciente de que estaba adquiriendo una obra de arte. En este sentido, y sin querer alejarse de la belleza de la obra, los pioneros norteamericanos fueron mucho más prácticos. Sus diseños, rupturistas con lo existente mediante el empleo de formas curvas y al diseño de envolventes de gran uniformidad y cuidado ensamblaje, se adaptaban a los mecanismos de producción y a las posibilidades ofrecidas por las máquinas, pudiendo ser fabricados en serie, empleando materiales no tan costosos como los de los diseñados en los *Wiener Werkstätte*. Ambos factores, el atractivo diseño y el accesible precio, aproximaron sus creaciones a prácticamente todos los estamentos de la sociedad estadounidense, si bien su público mayoritario comenzó siendo la clase media, la cual era la más numerosa y la que aportaría mayores beneficios.

El tiempo dedicado a la creación y producción de cada producto en los talleres vieneses daba lugar a que el número de ejemplares fuera muy inferior al de los objetos diseñados por diferentes diseñadores industriales norteamericanos. Pero, independientemente de la cantidad, el proceso de diseño y ejecución era muy superior en cuanto a duración en el caso de los *Wiener Werkstätte*, lo que, además de encarecer el precio final del producto, también reducía la variedad y el abanico de productos ofertados, de manera que las fuentes de ingresos estaban más limitadas. Retomando el aspecto de la cantidad, dos son los factores de mayor relevancia e influencia: el número de usuarios de cada mercado y la participación de agentes externos en la producción. Del primer punto se puede extraer que, al ser mayor el número de habitantes de Estados Unidos, la cantidad de objetos producidos debía ser mayor atendiendo al volumen de dicho mercado, mientras que analizando el segundo, de mayor complejidad, se puede llevar a cabo un mejor análisis sobre el éxito de un modelo en concreto.

Los talleres vieneses atendían pedidos de empresarios con negocios ajenos a los *Wiener Werkstätte* que solían ser demandas de objetos que acababan adquiriendo un mayor valor de mercado por contar con el diseño exclusivo de tan prestigiosa marca, de modo que el volumen de producción no tendía a ser muy abultado. En cuanto a los pioneros norteamericanos, el método de trabajo era diferente. Coincidían en que también eran reclamados por empresarios, pero éstos recibieron propuestas de grandes empresas o multinacionales (*Westinghouse* o *GM*, entre muchas otras) dispuestas a producir sus creaciones en grandes cantidades, lo cual se tornaba a favor de los diseñadores porque al hacer sus productos más visibles, aumentaban las posibilidades de obtener más clientes y por ende más encargos. Así, los *Wiener Werkstätte* trabajaban en la mayoría de los casos para el cliente final, mientras que los pioneros norteamericanos lo hacían para la industria, y era ésta quien hacía llegar sus diseños al cliente final.

En relación a la visibilidad, los diseñadores estadounidenses se convirtieron en un referente debido al uso que hicieron de las herramientas del marketing. Mientras que, en Austria y Alemania, se apoyaron en el cartelismo y la publicidad gráfica principalmente, en Estados Unidos hicieron uso de todos los medios audiovisuales disponibles: cartelismo, radio, televisión... acompañados en la mayoría de los casos por una campaña de apoyo y difusión sin parangón hasta la fecha. El alcance fue, por tanto, mucho mayor y la consolidación de unos productos frente a otros, adquirió mayor solidez y relevancia.

Aunque la diferencia existencial entre un modelo y otro fuese de apenas dos décadas, el desarrollo tecnológico actuó a favor de los pioneros estadounidenses. También es cierto que éstos se abrieron sin tapujos a todas las posibilidades que las herramientas técnicas y de mercado comenzaron a brindar con el objetivo principal de llegar al mayor número de usuarios posibles sin distinción alguna entre su posición social. Y mientras que en Viena, los diseñadores, aún a pesar de su fama, no consiguieron ser un agente más dentro del proceso de difusión o publicidad, los diseñadores que protagonizaron la era del *styling* desempeñaron un papel primordial convirtiéndose ellos mismos en reclamo publicitario.

La diferencia estriba principalmente en que en Estados Unidos muchos diseñadores adquirieron una notable popularidad, protagonizando un rol principal en las campañas de marketing de las empresas. Aparecieron en medios de comunicación como la radio y sobre todo la televisión, convirtiéndose en caras conocidas y rápidamente asociadas al éxito de sus diseños. Actuaron como asesores creativos de grandes empresas que a su vez les hacían publicidad a ellos, y se convirtieron en personalidades mediáticas de las que pronto se hacían eco numerosas publicaciones, algunas incluso de la importancia de la revista *Time*,[1] incrementando más su popularidad.

Entre diseñadores y empresas surgió una conexión laboral donde los beneficios eran mutuos. La posición que pasaron a ocupar dentro del mercado fue muy relevante, convirtiéndose ellos mismos en una efectiva herramienta de difusión del producto. Esa posición, unida al hecho de contar con numerosos y muy dispares clientes, erigiéndose como estudios independientes de cualquier institución, les permitió sobrevivir y superar los altibajos de algunas empresas que, durante la Gran Depresión y posteriormente en la Segunda Guerra Mundial, se vieron afectadas por la crisis. Pero la realidad fue que la mayoría de clientes de diseñadores como Raymond Loewy, Norman Bel Geddes, Walter Dorwin Teague y Henry Dreyfuss

[1] *TIME*, 31 octubre de 1949. Raymond Loewy fue portada de la revista.

no sólo superaron esta etapa de recesión, sino que obtuvieron beneficios obtenidos a consecuencia de su participación con las respectivas empresas. De igual modo, la figura de cada uno de ellos quedó asociada al progreso, y sus palabras solían incidir poderosamente entre los usuarios, de tal manera que contar con un diseño efectuado por uno de estos autores, conllevaba el valor añadido de lo que suponía una ruptura con todo lo anterior.

Los resultados obtenidos hablan por sí solos, habiendo casos concretos dignos de estudio, y la prueba es la existencia, todavía en la actualidad, de algunas de aquellas empresas y estudios de estos diseñadores. Sus creaciones han permanecido vigentes durante décadas, lo cual es una muestra de su éxito, y muchos de ellos siguen siendo a día de hoy fácilmente identificables, tomados como ejemplo de modelo de éxito. El caso de *Lucky Strike* es, probablemente, uno de los de mayor repercusión e importancia, habiéndose convertido en un referente para muchas empresas y diseñadores.

Analizando ambos casos desde el punto de vista del valor de marca —y dejando a un lado el *naming*, la disciplina dedicada a la creación de nombres o marcas para corporaciones, puesto que en aquellos tiempos no era un factor a tener en cuenta a la hora de constituir una empresa o negocio—, cada uno de ellos siguió un camino diferente pero con resultados similares.

Cuando se constituyeron los *Wiener Werkstätte*, sus fundadores diseñaron una imagen corporativa muy próxima a la iconografía desarrollada en aquel entonces por los miembros del movimiento de la *Seccession*, haciendo uso de una tipografía más depurada, ya no tan curva, que acabaría convirtiéndose en un estilo común y fácilmente reconocible en la Viena de las primeras décadas del siglo XX. El logotipo de los *Wiener Werkstätte* representaba a artistas como Josef Hoffmann o Koloman Moser, entre muchos otros, e iba asociado a un sinfín de diseños y objetos que de igual modo contribuían a la expansión de una imagen de marca. En este caso, se relacionaba con un colectivo, con una institución, con un lugar físico existente al que poder acudir incluso a formarse. Se trataba de una imagen de marca relacionada con los movimientos culturales vieneses de la época y, quizá sin pretenderlo, con determinados sectores de la sociedad.

En el caso de los pioneros estadounidenses del diseño, ninguno de ellos debió pensar en constituir una imagen de marca como tal. El paso del tiempo y sus propios diseños actuaron como imagen de marca, nunca de manera colectiva o individual, cada cual aportando su visión o sello particular. Realmente, quienes introdujeron en la sociedad el valor de marca como tal fueron las grandes empresas estadounidenses, como ejemplifican la *General Electric* o la *Ford Motor Company* en primer término y la *General Motors* o *Texaco*, entre muchas otras, tiempo después, pero para llegar a conseguirlo tuvieron que rodearse de estos diseñadores.

En cuanto a Raymond Loewy, él mismo acabó por convertirse en la imagen de la marca. Su figura pronto fue asociada a sus diseños *styling*, al *American Way of Life*, a una cultura propia ansiada por los ciudadanos estadounidenses. Su nombre empezó a resonar a lo largo y ancho del territorio norteamericano, y su firma, publicada a través de medios impresos como revistas o folletos, en las campañas publicitarias de algunos de sus diseños –como en el caso del *Studebaker*–, e incluso en anuncios de televisión, dio lugar a la imagen de marca. Su constante aparición junto a sus diseños durante las promociones de éstos le convirtieron en una herramienta de marketing que acabó contribuyendo al éxito de los mismos.

Otros diseñadores norteamericanos no llegaron a ser tan mediáticos y en la mayoría de los casos dejaron que las empresas contratantes hiciesen uso de sus correspondientes imágenes de marca para potenciar la promoción de sus diseños. Es el caso de Walter Dorwin Teague y la empresa *Texaco*, compañía para la que este diseñador concibió la imagen corporativa. Diseñó el famoso logotipo que se propagó por toda la geografía estadounidense junto a sus gasolineras, proyectadas también por Teague.

Aún a pesar de permanecer teóricamente en un segundo plano, diseñadores como Teague, Bel Geddes o Henry Dreyfuss, siempre desempeñaron un papel protagonista porque tanto los medios de comunicación, como el propio mercado, así lo demandaban. No fueron tan mediáticos como Raymond Loewy, pero sus nombres también adquirieron prestigio y se convirtieron en un reclamo para los usuarios.

En Viena, la imagen de marca representaba a un colectivo y se identificaba con los talleres de trabajo en los que se producían los objetos y con los característicos diseños realizados por dicha organización. En Estados Unidos la imagen de marca no estaba asociada a un colectivo de diseñadores, sino a individuos concretos que trabajaron para crear diferentes marcas e imágenes corporativas de empresas, quedando ellos en un segundo plano. En Europa, un primer ejemplo es el de Peter Behrens para la compañía *AEG* y un segundo ejemplo relevante fue el protagonizado por la empresa *Braun* y el diseñador Dieter Rams.

Podemos deducir que los dirigentes de los *Wiener Werkstätte* buscaron crear un sello que actuase como distintivo de sus productos frente a otros diseños. Pronto sus trabajos estuvieron relacionados con movimientos como la *Seccession* vienesa –más tarde también con la *Österreichischer Werkbund*–, vinculándose a los movimientos culturales de la ciudad y convirtiéndose en una imagen de marca próxima a las clases medias-altas de la época. Los pioneros norteamericanos, al frente de sus empresas buscaron, por encima de todo, el éxito de sus productos, con lo que, el hecho de convertirse en la propia marca, fue algo que trajo consigo el mercado y la publicidad, si bien nunca fue el objetivo prioritario de los mismos. Al tomar conciencia de las posibilidades que ofrecían las nuevas herramientas de mercado, y tal y como Le Corbusier hizo en Europa, aprovecharon el éxito de sus diseños para contribuir a la difusión de los que estaban por venir.

El reconocimiento fue tal que llegaron incluso a escribir libros en los que explicaban cómo realizar un buen diseño[2] y cómo venderlo.[3] De

[2] DREYFUSS, Henry. *Designing for people.* New York: Grossman Publishers, 1974.

[3] LOEWY, Raymond. *Lo feo no se vende.* Barcelona: Iberia, 1976.

este modo, su trabajo quedó indisolublemente ligado a su persona, y
a una serie de aspectos que representaban el ideal del nuevo diseño
americano: ruptura con lo anterior, estilo de vida propio (y no here-
dado o tomado del europeo), adaptación a los tiempos presentes y
mirada hacia el futuro.

El proceso de diseño y de fabricación llevado a cabo en Europa,
ejemplificado a través de los *Wiener Werkstätte* en primer término,
y de la *Deutscher Werkbund* a continuación,[4] no fue tan eficiente y
exitoso como el modelo norteamericano entre otros motivos porque este último supo adaptar mejor las formas de sus diseños a la
maquinaria de producción. Las formas curvas y aerodinámicas de
los objetos diseñados por los pioneros americanos permitió un proceso de fabricación mucho más eficiente que en Europa en aquellos
tiempos, a lo que cabe añadir toda una serie de factores tanto ideológicos como formativos que actuaron en pro de ese cambio.

En cuanto a los aspectos ideológicos, mientras que los europeos de
las últimas décadas del siglo XIX y primeras del XX se encontraban
sumidos en una batalla entre arte e industria, el uso de la máquina
frente al trabajo manual –reflejada anteriormente a través de las figuras de William Morris y Hermann Muthesius–, era reflejo del peso
conservador del viejo continente. En Estados Unidos, la necesidad
de dar forma a una historia propia, que fuese diferente a la de los
europeos dejando de lado todos los prejuicios existentes en Europa,
pudo llevarse a cabo con mayor libertad, atendiendo a criterios que
no respondían al peso de la tradición. Las corrientes artísticas here-
dadas no se tomaron como punto de partida en el Nuevo mundo y los
resultados fueron unos diseños que rompían con toda tradición.

Los aspectos formativos jugaron un papel determinante para que se
produjese la ruptura y el cambio en el modo de entender el diseño
de los objetos. En Europa, quienes se encargaban del diseño habían
recibido una formación de carácter artesanal y de oficio hasta las
últimas décadas del siglo XIX para posteriormente pasar en muchos

---

[4] Cuando ya se produjo un mayor acercamiento a la mecanización de dichos procesos.

casos a manos de arquitectos que incluían en su formación y trabajo el estudio del mobiliario.[5] El ejemplo más ilustrativo es el de Peter Behrens, quien aglutinó en su figura profesional al arquitecto (fue el autor de la Fábrica de turbinas de *AEG*), al diseñador gráfico (a él corresponde uno de los logotipos de la compañía), al cartelista (realizó uno de los carteles para la misma), y al diseñador de mobiliario y objetos diversos como una tetera.

Los protagonistas del diseño industrial en Estados Unidos no contaban con una formación similar a la de Behrens, Hoffmann, Gropius o a la del resto de diseñadores europeos. Provenían de campos dispares como la ingeniería (como fue el caso de Raymond Loewy), la escenografía (campo en el que se especializó Norman Bel Geddes, aunque inició estudios artísticos en la universidad), o las bellas artes (como es el caso de Walter Dorwin Teague). La disparidad de las procedencias formativas influyó notablemente en el desarrollo creativo y en los diseños efectuados. Para los pioneros americanos no existían impedimentos morales respecto a la utilización de las máquinas para la producción en masa de sus diseños. Buscaban adaptarse a las posibilidades de la industria para obtener mejores resultados. No tuvieron en cuenta precedentes artísticos e intelectuales para dar forma a sus creaciones y atendieron a criterios estéticos por encima de historicismos o formalismos influidos por la tradición. Su afán era conjugar la belleza con la técnica o la industria.

J. Gordon Lippincot en su escrito *Industrial design as a profession* publicado en 1945,[6] ya indicaba que había nacido una nueva profesión, compuesta por profesionales procedentes de diferentes disciplinas que abordaron proyectos de similares características relacionados con el mundo del diseño. Como afirmó el escritor y premio Nobel

[5] Tal es el caso de los citados con anterioridad miembros de los Wiener Werkstätte y sobre todo de la *Österreichischer Werkbund* (Josef Zotti, Otto Prutscher, Ernst Lichtblau, Josef Frank, Carl Witzmann o Eugen Wörle, entre muchos otros, dan buena cuenta de ello).

[6] LIPPINCOT, J. Gordon. "Industrial design as a profession". En *College Art Journal*, Vol. 4, No. 3, 1945, pp. 149-152, p. 149.

suizo Charles-Ferdinand Ramuz, "vivimos actualmente un proceso fascinante. Las distintas ciencias que han trabajado hasta ahora para sí mismas en una determinada área comienzan a converger en su objeto y a unificarse en una sola".[7] Asimismo, la expresión "diseño industrial" hace alusión por tanto a la concepción de objetos con el fin de ser producidos a través de medios industriales y mecánicos, lo que permite la fabricación en serie de los mismos. En el momento en el que las empresas comenzaron a demandar el trabajo de diseñadores al servicio de la industria, se impuso el nacimiento de la figura del profesional del diseño industrial que se mantiene hasta nuestros días. Como dijo Henry Van De Velde en 1935 "la industria reunirá a todas las artes bajo su égida",[8] una disciplina que requiere de un conocimiento artístico y técnico, pero también de un conocimiento comercial y publicitario.

El análisis de los diferentes estilos o corrientes artísticas que precedieron o coincidieron en el tiempo con el *styling* o el *streamline* se ha realizado siempre mediante comparativas estéticas o ideológicas. La irrupción de nuevas formas que rompían con todo lo producido hasta entonces, derivaron de la fusión entre el art déco y el futurismo. Aprovechando las ventajas aportadas por la industrialización, los primeros diseños europeos, los de los *Wiener Werkstätte*, se vieron completamente influidos por la *Seccession* y el *Jugendstil*, de manera que no trajeron consigo grandes innovaciones estéticas. Las *Werkbund*, al igual que el racionalismo, buscaron romper con lo que se había producido hasta entonces, dando lugar a lo que se conocería como el diseño moderno, que también tenía muy en cuenta la industrialización. En este último caso, sus diseños apostaban por formas en las que predominaban las líneas rectas, las cuales comenzaban a convivir con las formas clásicas, aunque sin reemplazarlas.

Podría afirmarse que el *streamline* fue el estilo que, en conjunto, aportó una mayor innovación estética y el que mejor se adaptó a los

[7] RAMUZ, Charles-Ferdinand. "Paysan Nature" en *Mesure*, núm. 4, 10/1935.

[8] POSENER, Julius. "Der Deutsche Werkbund 1907-1914". En *Arch+59: Vorlesungen zur Geschichte der Neuen Architektur III*, 01/10/1981.

avances industriales de su tiempo, a la vez que se convirtió en un movimiento estético de excelente aceptación entre el gran público estadounidense.

Desde el punto de vista ideológico, la *Deutscher Werkbund* apostó por la fusión entre el arte y la máquina potenciando el uso de la industrialización, aunque en muchos casos las formas de los objetos suponían un proceso de producción más costoso. Igualmente, puede ser interpretado como uno de los primeros precedentes rupturistas en la historia del diseño, con un planteamiento completamente diferente, pues se fundamentaba en que a la calidad del trabajo alemán debía corresponderle, consecuentemente, la calidad de la forma y la "germanidad" de la misma.[9] Este planteamiento fue objeto de polémica por parte de artistas partidarios de otras corrientes, como fue el caso del arquitecto y diseñador alemán enclavado en el *Jugendstil* August Endell, quien afirmó que "El *Werkbund* sólo subsistirá mientras tengamos la intención de hacer arte, de producir belleza, indiferentes a si la belleza puede o no ser establecida de un modo científico",[10] crítica que también recaería más tarde sobre la base ideológica del *styling*, pero que pronto encontró una justificación con el *streamline*.

Dentro de la propia *Werkbund*, la influencia de las *Arts and Crafts* siguió siendo importante hasta el punto de dar lugar a confusiones ideológicas en las que algunos de sus miembros identificaban la figura del artesano-artista, tal y como ocurría en la agrupación inglesa, y otros lo hacían con el trabajador, figura característica de la industrialización y directamente relacionada con el proyecto político

---

[9] Hermann Muthesius afirmaba que incluso en la Alemania del momento se seguía produciendo repetidamente muebles en estilo Luis XIV, XV, XVI; diseños que pertenecían al pasado. Apostaba entonces por la nueva forma, que era internacional, aunque incidía en que lo importante era quién acuñase esa nueva forma, alentando a que fuese Alemania quien lo hiciera puesto que era el país más pujante del momento. POSENER, Julius. "Der Deutsche Werkbund 1907-1914". En *Arch+59: Vorlesungen zur Geschichte der Neuen Architektur III*, 01/10/1981.

[10] ARACIL, Alfredo; RODRÍGUEZ, Delfín. *El siglo XX: Entre la muerte del Arte y el Arte Moderno*. Madrid: Istmo, 1998, p. 141.

alemán. Un claro ejemplo de esta división se encuentra en la fábrica
de muebles de Karls Schmidt en Hellerau, diseñada por el arquitecto
Richard Riemerschmid, que recibió el nombre de *Deutsche Werkstätten für Handwerkskunst* (Talleres Alemanes para la Producción
Artística de la Artesanía). En el caso de la *Werkbund*, no sería hasta
su evolución hacia la Bauhaus cuando sus planteamientos adquirieron mayor importancia ideológica.

Los *Wiener Werkstätte* (como también pretendían las *Werkbunds*)
tenían como fin la aproximación del arte a todos los hogares, pero
al alejarse de los métodos de producción propios de la industrialización, dieron lugar a objetos de acceso restringido para el grueso
de la sociedad. Igualmente, encontraron detractores, siendo quizá
el más mediático Adolf Loos, quien, del mismo modo que hizo con
la *Werkbund*, desaprobó públicamente los talleres vieneses por su
intención de hacer artístico el objeto industrial.[11] El uso de la máquina no era inexistente, pero se utilizaba más bien como apoyo, como
un sirviente, a diferencia en otros casos de la *Werkbund*, en la que
formaba parte del proceso de producción y condicionaba los diseños buscando una mejor fabricación en serie.

El racionalismo extendido a través de la escuela de la *Bauhaus* supuso también una ruptura con lo anterior, de modo que ideológicamente fue interpretado como un cambio, lo cual suponía dejar atrás
los desastres de la guerra. Los casos comentados buscaron crear
un cambio, aprovechar las ventajas de la modernidad y reorientar
el rumbo de una sociedad que parecía estancada. Por otro lado, el
styling pretendió desde un principio penetrar en los usuarios desde
un punto de vista comercial evitando cualquier tipo de ruptura, pero
las notables diferencias con las corrientes europeas y el hondo cala-
do entre la sociedad le llevaron a convertirse en un estilo que quedó
directamente vinculado al *American Way of Life*, siendo identificado por los ciudadanos estadounidenses como propio, frente a las
corrientes llegadas desde Europa.

[11] GRAVAGNUOLO, Benedetto. *Adolf Loos: Teoría y Obras*. San Sebastián: Nerea,
1988, p. 60.

El estilo de vida estadounidense necesitaba distinguirse del europeo forjando su propia historia, y el *streamline*, surgido y desarrollado en su territorio, se erigió como parte importante dentro de su cultura. Reflejaba muy bien la nueva forma de vida de los ciudadanos de las grandes urbes estadounidenses que en buena medida contribuyó al desarrollo de la misma: actividad frenética, rapidez de actuación y constante renovación, aspectos que se ven reflejados en los diseños propios del *styling*. El factor ideológico, por tanto, gestado durante su evolución, y no antes de su aparición, como en los otros casos, jugó un más que relevante papel a su favor.

Otros aspectos que también cabe tener en cuenta a la hora de analizar los movimientos anteriores para valorar su repercusión son la aceptación social, los protagonistas de cada uno de ellos, la duración en el tiempo y la riqueza generada. Las diferencias contextuales en cada caso influyeron decisivamente. La aceptación social fue muy distinta. Para cada corriente hubieron partidarios y detractores, pero, hablando en conjunto, puede afirmarse que el *streamline* fue la más aceptada de las aquí expuestas. Su vinculación con el *American Way of Life* le llevó a convertirse en un fenómeno de masas y quedó fuertemente ligado a esa imagen proyectada hacia el exterior por parte de la nación americana en la que se reflejaba una sociedad que miraba hacia el progreso y el futuro. Las grandes campañas de marketing y publicidad creadas en torno a muchos de los productos *styling* no hicieron más que potenciar dicha aceptación.

La coexistencia en Europa de estas nuevas corrientes con otras de corte más clásico y muy introducidas entre el conjunto de la sociedad, llevó a rasgos generales a que la aceptación de los diseños de las *Werkbund* o de los *Wiener Werkstätte* no alcanzase el mismo nivel de éxito que los de sus homónimos americanos. La variedad de las formas pero, ante todo, el gusto por la tradición, fueron determinantes en la aceptación de los productos y su diseño. Las crisis que durante aquellos momentos asolaron el Viejo Continente derivaron en un empobrecimiento de la población que potenció todavía más la estratificación de la sociedad, de tal forma que el diseño resultaba ser accesible para un segmento de gente pudiente e imposible para el resto de ciudadanos.

Lo cierto es que ninguno de estos movimientos quedó exento de críticas. Si por un lado, las corrientes europeas se veían condicionadas por el peso de la tradición (a excepción de la *Bauhaus*, aunque en este se refiere a un punto de vista comercial), en Estados Unidos el modo de vida que se defendía y promocionaba, ese *American Way of Life* del que se enorgullecían, parecía actuar como un adoctrinamiento sobre las masas, lo que podía derivar en una sociedad banal únicamente interesada en el consumismo y lo superficial. De ello se hizo eco el artista británico Richard Hamilton, quien en 1956 presentó al público su famoso collage *Just what is it that makes today's homes so different, so appealing?*,[12] en el que reunía elementos característicos de aquella nueva cultura constituida en Norteamérica, como una televisión, la imagen corporativa de la compañía Ford, una aspiradora, una chica pin up o un culturista. En aquella obra, Hamilton incluyó nuevos objetos para el hogar como los electrodomésticos, o nuevos elementos identificativos de las empresas como los logotipos, todos ellos surgidos de las manos de los pioneros del diseño.

En cuanto a los profesionales, éstos también jugaron un papel capital en cada uno de los movimientos, aunque de cara a la sociedad desempeñaron roles completamente diferentes. En la *Deutscher Werkbund*, el principal protagonista fue Peter Behrens. Se encargó de desarrollar proyectos de arquitectura, mobiliario, cartelería e, incluso, imágenes corporativas, siendo su principal cliente *AEG*, compañía en la que pudo plasmar los ideales de este movimiento. En ambos casos, tanto dentro de la *Deutscher Werkbund*, como en la compañía eléctrica alemana *AEG*, la figura de Behrens, aún a pesar de su importancia, siempre estuvo en un segundo plano. En la *Werkbund*, la ideología por un lado, y su fundador, Hermann Muthesius por otro, fueron las cabezas visibles.

En los *Wiener Werkstätte* varios fueron sus protagonistas, y de entre ellos tal vez cabe destacar a Josef Hoffmann, Gustav Klimt, Egon Schiele y Koloman Moser. Todos ellos gozaron de reconocimiento en vida y, aunque su vinculación y el desempeño de su trabajo para

[12] La traducción al castellano sería "¿Qué es exactamente lo que hace a los hogares de hoy tan diferentes, tan atractivos?"

los talleres vieneses es innegable, dicho reconocimiento venía
dado por el ejercicio y desarrollo de labores no relacionadas directamente con los *Wiener Werkstätte*, como es el caso de la pintura en
Klimt y Schiele y de la arquitectura para Hoffmann. Además, habían
formado parte de la Seccession, que hacía que el gran público los
relacionara con otros movimientos artísticos. El trabajo realizado
por los *Wiener Werkstätte* pronto fue vinculado con una marca propia. La sociedad sabía que tras dicho sello se encontraba un equipo
de diseñadores y aprendices los cuales eran contemplados como
un conjunto. Aún a pesar de la fama de alguno de sus miembros, en
este caso primaba el cuño de los *Wiener Werkstätte*.

En la escuela de la *Bauhaus* la principal figura fue Walter Gropius,
pero en ella participaron también Johannes Itten, László Moholy-
Nagy, Mies van der Rohe, Theo van Doesburg, Hannes Meyer o Marcel Breuer. Se erigieron como representantes de un nuevo tiempo
en el que las ideas academicistas tradicionales quedaban excluidas,
apostando por un estilo racionalista que podría verse reflejado en el
conjunto de la obra de Mies van der Rohe y su "menos es más". Aún
así, no dejó de ser una institución académica, y su vinculación con el
mundo laboral no fue tan amplia como en el caso de las *Werkbund* o
los *Wiener Werkstätte*.

En Estados Unidos eran los diseñadores quienes ocupaban el primer plano, con figuras como Raymond Loewy, Norman Bel Geddes,
Walter Dorwin Teague, Henry Dreyfuss, Harold Van Doren o Harley
J. Earl, a quienes se les relacionaba directamente con el éxito de las
empresas para las que trabajaban,. La mayor diferencia radica en
que los pioneros estadounidenses no quisieron quedar nunca rele-
gados a un segundo plano por detrás de sus clientes. Por su parte,
los europeos trabajaron principalmente durante toda su carrera con
una sola empresa –como Behrens con *AEG* y más tarde Dieter Rams
con *Braun*–, cosa que socialmente llevaba a asociarlos e imaginarlos
como parte de la propia compañía y su éxito, mientras que los estudios estadounidenses lo hicieron para diferentes entidades, relacio-
nando de esta forma el éxito con sus acciones.

Quizá el factor común en cada una de estas corrientes fue el del
tiempo en que estuvieron vigentes, aunque pasando por diferentes

fases evolutivas. Las *Werkbund* arrancaron a principios del siglo XX y se prolongaron hasta la década de 1950 (sufriendo diferentes periodos de paralización producidos principalmente por los conflictos bélicos), aunque desde 1914 se había hecho evidente una escisión interna en cuanto a la ideología del movimiento. De ella derivó la fundación de la *Bauhaus* en 1919, que acabaría adquiriendo mayor fuerza e influencia en comparación con las *Werkbunds* dentro del panorama socio-cultural europeo.

La extensión en el tiempo de los *Wiener Werkstätte* abarcó también varias décadas (desde 1903 hasta 1932). Vinculados a la *Werkbund* austríaca, se vieron afectados primero por la Primera Guerra Mundial, lo que les llevó incluso a ver alterados sus fundamentos ideológicos iniciales, así como a modificar algunos de los materiales que hasta entonces utilizaban para la materialización de sus productos, y en segundo lugar, por el Crack de 1929, que asestó el golpe definitivo que les llevó a su completa desaparición. Por su parte, los pioneros norteamericanos, agrupados dentro de la corriente del *streamline*, se extienden desde 1929 hasta la década de 1960 (aunque se alargó hasta 1975 en el caso de Loewy, pero de forma intermitente ya desde 1971). En los tres casos, fueron alrededor de treinta los años en los que ocuparon un primer plano de la vida sociocultural occidental.

En el aspecto de la riqueza generada, las diferencias son notables. Las *Werkbund* alemanas trajeron consigo valiosos beneficios obtenidos principalmente por el sistema de producción empleado. Se trataba de un modelo de producción dispuesto a servir a la fuerza económica. Buscaron ahorrar material, considerando que el ornamento significaba un derroche, lo que les llevó a formas sencillas y sobrias. Económicamente, recibieron un fuerte empuje del gobierno, que buscaba convertir estas nuevas geometrías en la forma alemana, a la que se le otorgaría un distintivo de calidad.

La *Werkbund* quedó vinculada a una industria poderosa en la que los empresarios más inteligentes hacían uso del arte como reclamo publicitario, como muestra de poder y buen gusto, pero que, igualmente, quedaría supeditada a una intención política de producir objetos directamente relacionados con la nueva identidad alemana.

Esas formas sencillas y sobrias se propagarían rápidamente entre la burguesía, lo que condujo a acotar el campo de difusión del objeto producido.

Como conceptos clave, son dos los que se extraen del estudio de los diseñadores europeos representados por las *Werkbund* o los *Wiener Werkstätte* austríacos y el de los estadounidenses: empezando por los primeros, la idea de hacer accesible el diseño a todas las capas de la sociedad fue un paso que rompió con la tradición europea en la que los objetos pensados con un elaborado y cuidado diseño sólo estaban al alcance de unos pocos. La industrialización y las ventajas de la fabricación en serie popularizaron los diseños haciéndolos llegar a todos los estratos sociales. Los nuevos procesos de fabricación permitieron reducir los costes y aumentar los beneficios de la producción. La base ideológica de los *Wiener Werkstätte* y la *Österreichischer Werkbund*, tras distanciarse de las *Arts & Crafts* y posicionarse a favor de las máquinas, fue decisiva en este sentido. Cada objeto comenzó a ser diseñado teniendo en cuenta los procesos de producción y la versatilidad de las máquinas. Con la llegada de los pioneros estadounidenses y la corriente estética del *streamline*, la adaptación del diseño para una sociedad amplia y versátil se vio mejorada, pues como ya se ha comentado, las formas curvas se prestaban a una mejor prefabricación. Así, fueron los pioneros norteamericanos quienes en realidad alcanzaron el objetivo de la "popularización" o "democratización" del diseño, lo cual podría ser considerado como uno de los aspectos de mayor importancia y trascendencia a escala social de todos los objetos producidos tras su irrupción en escena.

El segundo concepto es el de la utilización de los medios de comunicación y la publicidad para la difusión de los objetos producidos y contribuir a que éstos acabasen formando parte de la sociedad coetánea. La comprensión del poder de las herramientas de comunicación fue un gran avance dentro del mundo del diseño. Las ideas clasistas que hasta entonces habían girado –y en algunos casos continuaban girando– en torno al mundo del arte, no contemplaban la utilización del marketing u otros medios de difusión y promoción por considerarlos inapropiados y por no querer mezclarse con unas técnicas de mercado que bajo su opinión, se habían creado para ser aplicadas sobre sectores más populares de la sociedad. Mientras que los pioneros del diseño industrial en Europa utilizaron medios publicitarios concretos como la cartelería, los primeros diseñadores norteamericanos hicieron uso de todos los recursos que brindaba el marketing, además de ser los primeros en desarrollar campañas pensadas y enfocadas hacia un mercado amplio como era el de la sociedad americana.

EL OPTIMISMO EN LA EXPOSICIÓN UNIVERSAL DE NUEVA YORK DE 1939

Al inicio de la Gran Depresión Nueva York y muchas otras ciudades industriales de la época presentaban condiciones de vivienda deplorables, sobretodo después de la Primera Guerra Mundial y la crisis, que habían dado lugar a la compleja situación por la que entonces atravesaba el país. Con el *New Deal* del gobierno del presidente Franklin D. Roosevelt se planteaba como uno de los principales objetivos la promoción de una ley para la construcción de nuevas viviendas y el inicio de las políticas sociales destinadas a los bienes inmuebles. En el año 1932, la expansión de las diferentes redes de ferrocarriles, electrificación y comunicación ya había comenzado. El gobierno federal había puesto en marcha una serie de programas que cambiarían la fisonomía de las ciudades estadounidenses con la construcción de viviendas, la pavimentación y la construcción de sistemas de vías rápidas y calles.

Fue en este contexto en el que se celebró la Feria Internacional de 1939, bautizada bajo el nombre de *Building the World of Tomorrow – Construyendo el mundo del mañana–*. Se trataba de un acontecimiento que había sido planeado años atrás, cuando un grupo de siete de los más importantes hombres de negocios y políticos neoyorquinos se reunieron para plantear nuevas líneas de trabajo enfocadas a la apertura del mercado. Decididos a celebrar una feria internacional, tras valorar los pros y contras, se estimó que podría alcanzar la estratosférica cifra de cuarenta millones de visitantes en una única temporada, y en torno a veinticuatro en caso de que hubiera una segunda.[1] Grover Whalen, político y hombre de negocios, fue elegido como director del evento, y para la ejecución del mismo, además de la inversión de las diferentes empresas privadas que iban a participar de forma directa, dieciséis bancos de Manhattan prestaron 1,6 millones de dólares.

Para su construcción, el lugar escogido fue un vacío desolado perteneciente al municipio de Queens. El proyecto incluía 200 construcciones, 1.354 expositores venidos de 33 estados miembros de la nación

[1] COTTER, Bill. *The 1939-1940 New York World's Fair. Creation and Legacy*. San Francisco: Arcadia, 2009, p. 9.

Cartel del diseñador vienés Joseph Binder
para la Feria de Nueva York de 1939

norteamericana y otras 58 naciones de todo el mundo. Además, contaba con 310 cafeterías y restaurantes y la construcción de más de 100 kilómetros de nuevas calles y carreteras.

La muestra y sus pabellones fueron el escenario de la vida de un futuro no muy lejano, lo que se conseguía a través de un espacio en el que las grandes compañías estadounidenses presentaban su oferta de nuevos bienes de consumo. Una "tecnología liberadora", tal y como sería conocida, firmada por automóviles, la televisión, el cine o los electrodomésticos.

En el año 1939, el mundo del mañana fue la ciudad estadounidense de 1960 presentada en la Feria. En un momento en el que los vehículos, la electricidad, y la industria petrolera empezaban a cambiar la vida de las ciudades, se presentó al público el futuro esperanzador que tanto anhelaban ver tras diez años de depresión económica y en plena entrada del país en la Segunda Guerra Mundial. La inversión de las diferentes empresas participantes en el evento fue considerable, y los resultados de asistencia del público fueron exitosos. Se cuidaron todos los detalles, dotando de gran atractivo a todo cuanto allí se exponía.

En aquella exposición se popularizaron y tradujeron a un lenguaje visual común las ideas de modernidad, progreso y futuro, volviéndolas accesibles para el ciudadano a través de las muestras y los diseños de los diferentes pabellones. En una época donde la televisión no llegaba a todos los hogares, la experiencia de participar en el mundo del futuro cambió a los millones de personas que visitaron y conocieron lo expuesto en esta feria. En el pabellón de la empresa productora de películas y televisiones *RCA* se proyectó el famoso documental *The City*, que presentaba las dos caras de lo que sucedía en aquel entonces en la historia urbana y en la planificación en los Estados Unidos, transmitiendo las nuevas ideas a todos los visitantes que aprovecharon su visitar para visionar la cinta.

De entre todos los pabellones, el más popular de la feria fue el diseñado por el arquitecto Albert Kahn en colaboración con Norman Bel Geddes para la compañía *General Motors*. En él se mostraba la revolucionaria visión que este diseñador tenía del futuro,[2] pues estaba conformado por cuatro edificios enfrentados entre sí con la finalidad de dar lugar a un cruce donde se recreó una intersección de calles de la futura ciudad de 1960, en escala real y ocupando una superficie de 35.000 metros cuadrados. Norman Bel Geddes representó un enclave de *Futurama*, una ciudad donde se podía disfrutar del aire y la naturaleza, lejos de la congestión del centro de negocios, pero conectado a él gracias a las carreteras y *parkways*.[3] Este modelo de ciudad se vio

[2] COGDELL, Christina. "The Futurama Recontextualized: Norman Bel Geddes's Eugenic "World of Tomorrow"". En *American Quarterly*, Vol. 52, n. 2, 2000, p. 194.

[3] MARCHAND, Roland. "The designers go to the Fair II: Norman Bel Geddes, the General Motors "Futurama", and the visit to the Factory transformed", en *Design Issues*, Vol. 8, n°2, 1992, p. 27.

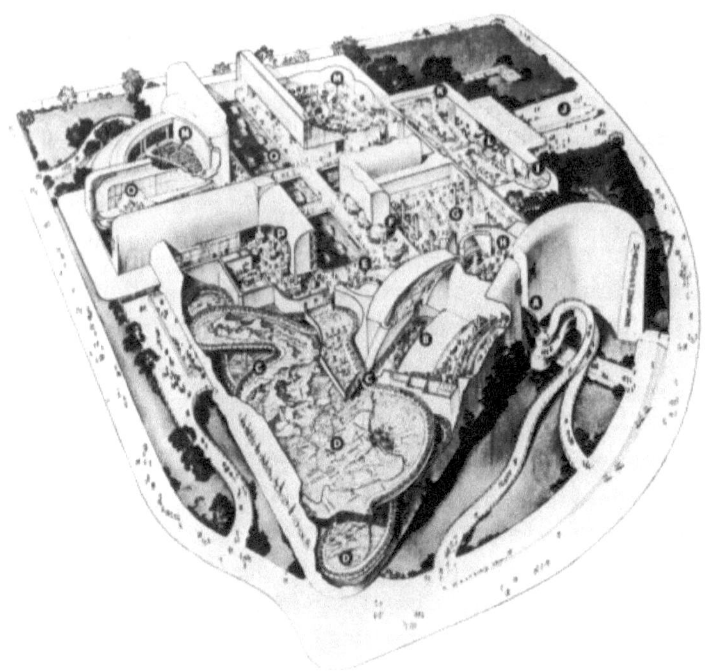

Plano del pabellón de General Motors en
la Feria de Nueva York de 1939

en cierto modo influido por Le Corbusier, pues mostraba un paisaje
urbanizado compuesto por grandes rascacielos, carreteras, pasos
elevados y aparcamientos bajo tierra, entendiéndose como una
especie de adaptación del *Plan Voisin*.

En el pabellón destacaban las formas curvas propias de las líneas
aerodinámicas, predominaba el color gris plata y llamaba la atención
la falta de ornamentación en los edificios, lo cual era algo bastante
característico a finales de la década de los años 30 del siglo XX. En
definitiva, los edificios parecían ser, más que agrupaciones de viviendas, grandes muros. En una de las entradas desde las que se permitía

Cruce de calles ante el pabellón de la GM diseñado
por Norman Bel Geddes para la Feria de 1939

el acceso al cruce, se habían colocado las letras que conformaban
el nombre de la corporación que había sufragado los gastos, con un
tamaño de nueve metros cada una de ellas. La iluminación artificial
de la calle no se produciría a través de farolas, sino de líneas de luz
en el suelo,[4] acentuando de este modo el carácter futurista del proyecto y, a la vez, cumpliendo con la temática principal de la feria, que
rezaba: *Building the world of tomorrow*, –construyendo el mundo del
mañana–, a la que se podría añadir "con materiales de hoy".

[4] COOMBS, Robert. "Norman Bel Geddes: Highways and Horizons", en *Perspecta*, Vol. 13,
1971, pp. 11-15.

Una gigantesca maqueta que mostraba al público la ciudad utópica se encontraba en el interior del *Perisphere*, otro gran pabellón con forma de enorme esfera. Dicha maqueta fue bautizada con el nombre de *Democracity* y exponía cómo serían las ciudades norteamericanas del futuro. Esta propuesta fue descrita como una "perfecta e integrada ciudad jardín del mañana", donde "la energía provendría de fuentes renovables y no existiría ni congestión ni polución". Se trataba de una ciudad limpia, abierta y organizada, capaz de integrar en ella a la industria. El hecho de estar ante una gran maqueta de la ciudad era un ejercicio de visualización masivo, y aquellos instantes dentro de una *máquina del tiempo* fueron suficientes para convencer a los visitantes de que las ciudades serían invadidas por los vehículos, a la vez que establecían la idea de que un intensivo y ordenado desarrollo del suelo eran necesarios para el progreso.[5]

A pesar de la buena acogida por parte de los visitantes, no pudo rivalizar con el pabellón de la *General Motors* de Bel Geddes. Mientras que este último buscaba mostrar al mundo cómo sería la ciudad en 1960, *Democracity* se había constituido como un diorama gigante que descubría la metrópolis del año 2039. Al acceder al pabellón, el visitante entraba en un ascensor que subía 15 metros y ya arriba, al abrirse las puertas, se encontraba con unos balcones giratorios dobles desde donde contemplaba una ciudad jardín "perfectamente integrada en el mañana" vista desde unos supuestos 7.000 metros de altura.

La Feria supuso una oportunidad para mostrar los últimos avances científicos y tecnológicos, pero en lo que más hincapié se hizo fue en la arquitectura y en el planeamiento urbano, mostrando el interés de la sociedad americana por el futuro y el progreso. Con tantas ideas nuevas sobre arquitectura y diseño urbano, no llevó mucho tiempo que la cuestión tuviera un impacto real en el paisaje. Todo ello proyectado por diseñadores, con imágenes que mostraban hasta qué punto la sociedad americana demandaba un cambio que afectaba a la ciudad y a los objetos de uso cotidiano.

[5] MASON FOTSCH, Paul. "The building of a superhighway future at the New York World's Fair". En *Cultural Critique*, n. 48, 2001, p. 79.

Entrada al Perisphere a través del Trylon,
Feria de Nueva York de 1939

Tras la celebración de la feria empezaron a construirse toda una
serie de proyectos residenciales en la ciudad de Nueva York, consecuencia directa de la muestra. El gobierno de Roosevelt permitió
a las empresas invertir en solucionar el problema de la escasez de
vivienda, y de aquí surgieron algunos proyectos de vivienda social
de gran interés como *Parkchester*, influidos por las ideas de Le Corbusier y los elementos de planeamiento urbano que éste aplicó a su
Cité Radieuse.

EL *STYLING* Y *STREAMLINING*

El *styling* es un concepto que concentraba el nuevo modelo de orientación comercial centrado en el diseño del producto, pretendiendo que éste resultase estéticamente atractivo y atrayente para actuar psicológicamente sobre los individuos y futuros consumidores, con el propósito de que aumentasen las ventas. La apariencia exterior del objeto se convertía en la parte más importante del mismo, quedando el interior relegado a un segundo plano. Técnicamente, las formas curvas, influidas por el art déco en ocasiones, y aerodinámicas, plasmando las ideas del futurismo acerca del movimiento, se identificaban con el nombrado *styling*. Asimismo, fue rápidamente relacionado con la filosofía de vida americana bautizada como *American Way of Life*. Este fenómeno ante el que se encontraba la sociedad estadounidense de la época, llegó a ser considerado como una estrategia que se orientaba a conseguir e incrementar el éxito de aquellas compañías que hubiesen apostado por el mismo, dinamizando además el mercado para reactivar el consumo a través de la belleza de su productos. Y con todo, se contribuía notablemente a alcanzar el primer objetivo de la población consistente en la superación de la crisis de 1929.

A ello cabía sumarle la elección como presidente de Franklin D. Roosevelt, quien, al coincidir en el tiempo con esta transformación comercial, pudo llevar a cabo con resultados muy favorables su política conocida como *New Deal*, en la que relegaba a un segundo plano la alianza con el mundo de los negocios para beneficiar a la población en general. Gracias a sus decisiones, la gente empezó a adquirir confianza y por tanto a aumentar su consumo. Por su parte, la práctica del *styling* pronto se convertiría en una tendencia intensamente enraizada y que demostraba ser efectiva, con lo que, todo aquello diseñado en función de estos parámetros, se convertiría en familiar y de uso cotidiano.

Los grandes empresarios estadounidenses tomaron conciencia de la importancia de esta nueva estrategia y la llevaron hasta el extremo, como ejemplifica el papel desempeñado por Walter Dorwin Teague para la compañía petrolífera Texaco y el diseño de sus gasolineras, esparcidas por la geografía norteamericana. Éstas se convirtieron en uno de los atractivos de la corporación, contribuyendo a

Ciudadanos frente al edificio de la bolsa de Nueva York, 1929

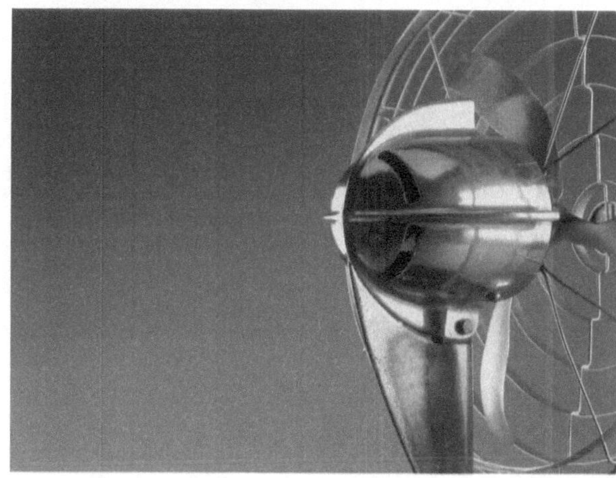

Ventilador modelo
Zephyr D-22 diseñado
por Robert Davit Budlong
para Ward Co. en 1936

que aumentasen las ventas del carburante con respecto a otras estaciones de servicio pertenecientes a empresas de la competencia.

El capitalismo conseguía salvar su propio sistema, perpetuándolo a lo largo del siglo XX. Tras la Segunda Guerra Mundial y hasta octubre de 1973, Estados Unidos se caracterizó por un crecimiento rápido y el mantenimiento de cierta suavidad en las fluctuaciones, con tasas de crecimiento económico que llegaron a cifras como el 5,5%.[1] La nación no volvió a sufrir ninguna crisis como la ocurrida tras el crack de la bolsa de 1929, ni siquiera la de 1973 llegó a alcanzar la gravedad de la anteriormente citada. En 1945 falleció Roosevelt y el presidente que le sustituyó en el cargo fue Harry Truman. Los beneficios que aquella segunda contienda a nivel mundial reportó al pais norteamericano fueron notables.

[1] ARACIL, Rafael, OLIVER I PUIGDOMÈNECH, Joan Oliver, SEGURA, Antoni. *El mundo actual: de la Segunda Guerra Mundial a nuestros días.* Barcelona: Universitat de Barcelona, 1998, p. 177.

Wall Street el 24 de octubre de 1929

La industria duplicó su producción, el Producto Interior Bruto aumentó un 75%, se doblaron los salarios desde el comienzo de la guerra hasta su final y posteriormente se consiguió el pleno empleo.[2] Desde el punto de vista político, los Estados Unidos adoptaron el papel de nación más poderosa, lo cual derivó en que la población comenzase a pensar en términos internacionales, produciéndose un intercambio de usos y costumbres. También, desde el estallido de la Segunda Guerra Mundial, se había empezado a producir una llegada de diseñadores europeos, quienes trajeron consigo las tendencias del funcionalismo o racionalismo, condicionando la forma de los objetos que diseñaban a la función de los mismos y alejándose del valor estético que el *styling* otorgaba a sus creaciones,[3] estilos, que convivieron con los ya existentes en Estados Unidos.

Es cierto que el desembarco de Walter Gropius o Marcel Breuer entre otros, que abogaban por unos métodos en los que se utilizaban mate-

[2] ASIMOV, Isaac. *Historia y cronología del mundo.* Madrid: Ariel, 2006, p. 934.

[3] RODRÍGUEZ ORTEGA, Nuria. *Manual de teoría y estética del diseño industrial.* Málaga: Universidad de Málaga, 2002, pp. 302-303.

riales modernos, se empleaba lo necesario, buscaba unos resultados efectivos y todo ello a bajo coste,[4] generó una posición, por su parte, *anti-styling*, que pareció tener eco en el interior de la nación. O la llegada de los diseñadores escandinavos, que difundieron el estilo racionalista por todo el país aprovechando que el diseño europeo era entendido como un signo de distinción cultural. Pero el *styling* se contemplaba como una estrategia orientada a lograr el éxito de las compañías, el incremento del número de ventas y la dinamización del mercado, generando objetos de menor duración, de tal forma que ambas tendencias, la europea y la norteamericana, se repartían el mercado en función de las diferentes posibilidades de cada segmento productivo o de los gustos de los distintos sectores sociales. Como ejemplo de ello, el sector empresarial podía solicitar para sus instalaciones un mobiliario de corte racionalista y funcionalista, pero simultáneamente sus directivos podían conducir coches diseñados por Earl.[5] Asimismo, podía interpretarse que la estética racionalista se asociaba a la gente más pudiente y la del *styling* iba dirigida a las masas.

Por otro lado, el *streamline*, creado y popularizado en territorio estadounidense, sería a partir de 1920 cuando, a través de formas aerodinámicas, se aplicó a una gran cantidad de objetos. Se reemplazaron los diseños repletos de ángulos y cargados de ornamentos dando paso a una nueva corriente estética. De este modo, se convirtió en uno de los fenómenos asociados al nombrado *styling*. Mientras que el *styling* podría ser considerado un verbo, el *streamline* actuaría como adjetivo, debido a que consistió en la conversión de la aerodinámica, una disciplina de la física, en un estilo que aplicaba a los objetos domésticos cotidianos las formas procedentes de la misma. Esta tendencia, bautizada realmente con el nombre de *streamlining*,[6]

[4] PEARLMAN, Jill E. *Inventing american modernism: Joseph Hudnut, Walter Gropius, and the Bauhaus legacy at Harvard*. Charlottesville: University of Virginia Press, 2007, p. 76.

[5] RODRÍGUEZ ORTEGA, Nuria. *Manual de teoría y estética del diseño industrial*. Málaga: Universidad de Málaga, 2002, pp. 333-334.

[6] RODRÍGUEZ ORTEGA, Nuria. *Manual de teoría y estética del diseño industrial*. Málaga: Universidad de Málaga, 2002, p. 336.

radicaba en proporcionar a los objetos un contorno redondeado,
un acabado liso y depurado y unas formas aerodinámicas que eran
justificadas alegando que con ellas se reducía la resistencia al rozamiento del aire.[7] El término *streamlining* hacía también referencia a la
metáfora de la velocidad, uno de los conceptos clave del siglo XX, y
de la modernidad, uno de los que mayor atractivo ejerció sobre la cultura popular en los años 30 y 40.

Durante la década de los 30 los diseñadores aplicaron los principios
del aerodinamismo a los productos de consumo, lo cual los hacía
más atractivos, pero también más seguros, a la vez que facilitaba su
fabricación y mejoraba su funcionalidad.

Una de las principales causas que explica la aparición y el éxito de esta
tendencia está detrás de empresas e industrias, las cuales se vieron
obligadas a recurrir a sistemas más eficaces para llamar la atención y
hacer deseables o atractivos los productos tras verse debilitado el mercado, y evitar así la posibilidad de ir a la quiebra. La exigencia de nuevas formas y productos por un lado, y las posibilidades que ofrecía la
industrialización, condujeron a la producción de formas curvas aerodinámicas. Pronto se pudo comprobar que la nueva maquinaria industrial
producía de forma más eficiente y económica este tipo de superficies,
de manera que producción y demanda entraron en armonía.

La importancia del factor técnico-mecánico en la proliferación de estas
formas reside en que el *streamlining* y sus contornos se adecuaban
sumamente bien a los procesos de fabricación existentes. Estos diseños permitían troquelar las planchas de metal mediante las prensas
tipo *bulldozer* a la vez que moldear materiales como la baquelita, ter-
moendurecible e ideal para el diseño de los revestimientos exteriores de
la mayoría de los productos. Respondían a los métodos de producción
existentes como la producción por estampación o por colada (método
que permitía un fácil desmolde de formas *streamline*),[8] de manera que

---

[7] En los casos de diseño de producto era una cuestión superficial y no tan importante,
pero en otros casos como el del diseño ferroviario se convirtió en un factor determinante.

[8] En arquitectura equivaldría a la construcción por vertido de hormigón.

Locomotora Mercury diseñada por Henry Dreyfuss
para New York Central en 1938

el propio diseño se veía favorecido por el sistema de producción.
Buscaban vincular las formas aerodinámicas imperantes a los procedimientos existentes y a la necesidad que se le imponía al diseñador

de obtener un bajo coste mediante una producción a gran velocidad, y estos diseños eran los más adecuados para lograr tales fines.

Esta aplicación de una disciplina física centrada en la mecánica de fluidos sobre la corriente *styling* contribuyó notablemente a que el estilo norteamericano adquiriese una base científica y, de ese modo, pudiese justificar su forma de cara a las críticas que los racionalistas vertían sobre la misma, otorgándole una base teórica que argumentaba el porqué de las formas dadas a los objetos. Las formas ligeramente onduladas que proporcionaba el aerodinamismo se descubrieron como un instrumento que embellecía elegantemente los productos y, en poco tiempo, los perfiles aerodinámicos pasaron a formar parte de la ciudadanía desde la dimensión estética del objeto, algo que ya de por sí potenciaba el atractivo visual de los objetos. A su vez, su apariencia orgánica dio lugar a que se hablara de un *estilismo biomórfico*, más parecido a las creaciones de la naturaleza.

El uso del *streamline* no se basaba simplemente en la transformación de la envolvente del objeto, en su apariencia. Implicaba cuestiones funcionales y otras de tipo simbólico. Un ejemplo claro de la exaltación de la simbolización de un objeto lo encontramos en el diseño que Raymond Loewy llevó a cabo para la Locomotora a vapor K45-1936 para la *Pennsilvania Railroad*, a la que dotó de una forma de bala para resaltar la sensación de velocidad. La propia forma, como ocurre hoy día con los trenes de alta velocidad, buscaba permitir alcanzar de una mayor velocidad mediante un diseño que mejorase su comportamiento frente al roce con el viento.

En Estados Unidos el *streamline* tuvo especial importancia debido al contexto en el que se desarrolló. El hecho de que la Gran Depresión obligara a las empresas a recurrir a nuevas maneras de vender su producto en un ciclo de desempleo generalizado, fue providencial para que surgiera una nueva corriente estética como el *styling* y que de ésta derivara el *streamline* como fundamento científico de la anterior. La red de ferrocarriles norteamericanos puso sus ojos en los trenes de líneas aerodinámicas y de materiales ligeros para poder ofrecer mayor velocidad y usar menos combustible. De esta convicción

Rediseño del frontal del automóvil
Studebaker Commander Regal
Deluxe, originariamente creado
por Raymond Loewy en 1950

surgieron los trenes de la compañía *Union Pacific*, o el *Burlington Zephyr*, mucho más ligeros y rápidos.[9] De hecho, en los últimos años de la década de los 30, los trenes más rápidos del mundo fueron los *streamlined* norteamericanos.

El éxito de este estilo llegó incluso a los trenes que todavía funcionaban a vapor. Muchos de ellos fueron sometidos a un rediseño aerodinámico durante la década en la que se desarrolló la crisis económica

[9] BEL GEDDES, Norman. *Horizons in industrial design*. Boston: Little, Brown, and Co., 1932, pp. 64-78.

con el objetivo de atraer pasajeros, a pesar de que las formas *stream-line* no incrementaban la velocidad en las máquinas de vapor.

Norman Bel Geddes es quizá el responsable de haber popularizado la línea aerodinámica al aplicar el *streamlining* a todas sus creaciones. También contribuyó a ello la figura de Raymond Loewy, convirtiendo el estilo *streamline* en la imagen de la nueva era americana, y sus productos se erigieron como símbolos de la cultura estadounidense en todo el mundo. Desde el punto de vista técnico, cabe resaltar la figura de Harold Van Doren, quien vinculó las formas aerodinámicas a aquellos procedimientos industriales ya existentes y, de igual modo, a la necesidad de obtener un producto comercial a bajo coste y en poco tiempo,[10] cuestiones que puso en práctica en los trabajos que llevó a cabo para empresas como *Goodyear*, *Ergy* o *Maytag* entre muchas otras[11] dedicadas al diseño y producción de electrodomésticos principalmente.

Estas formas suponían menores costes debido a que sus geometrías permitían una mayor inercia en la fabricación, utilizando menos material. Además, se podían fabricar productos con un menor número de piezas, lo cual economizaba su ensamblaje. La facilidad de fabricación permitía que los tiempos de producción fuesen también menores, alzándose como otra ventaja más.

Los pioneros norteamericanos fueron profesionales que desempeñaron un papel insustituible en la historia del mundo del diseño industrial y, mientras que algunos de ellos como Bel Geddes o Van Doren se encargaron de teorizar y popularizar el *streamline*, otros como Loewy o Earl[12] le dieron forma a través del diseño de locomotoras o coches. Su consolidación en el mercado vino apoyada por la aceptación del *styling* tiempo atrás, lo cual ayudó a que el *streamline* se adentrara en las vidas de la gente sin apenas hacer ruido, como una variante más del estilo americano, entonces extrapolada al diseño de transportes.

[10] FIELL, Charlotte, FIELL, Peter. *El diseño industrial de la A a la Z*. Madrid: Taschen, 2006, p. 529.

[11] RODRÍGUEZ ORTEGA, Nuria. *Manual de teoría y estética del diseño industrial*. Málaga: Universidad de Málaga, 2002, p. 339.

La búsqueda de la belleza protagonizada por los pioneros norteamericanos supuso, en un principio, un aluvión de críticas por parte de la comunidad artística internacional. Se les exigía una justificación científica e ideológica de las formas *styling* que llegaría con el discurso teórico del *streamline*, fundamentando las propuestas de los nuevos diseños. Hasta entonces, esas nuevas formas en las que predominaba la curva, tan distantes de los diseños clásicos y del racionalismo europeo, no habían sido bien vistas por la crítica por su aparente sencillez y por qué la belleza parecía estar por encima de la función.

Los diseños *streamline*, tildados de futuristas,[13] marcaron en cierto modo las pautas de las corrientes estéticas de lo que estaba por venir. Haciendo uso de las palabras pronunciadas por Oscar Wilde, con el paso de los años se han convertido en un claro ejemplo de que la vida imita al arte.[14] La consideración de estos objetos como obras de arte en la actualidad puede ser justificada por diversas razones y la influencia que han ejercido positivamente en el diseño puede apreciarse en las numerosas imitaciones de aquellos prototipos futuristas que hoy día están en la base de los objetos de uso cotidiano.

Los gráficos o tablas evolutivas de viviendas, coches, barcos u otros objetos elaboradas por Raymond Loewy son el mejor ejemplo, con diseños que han ido tendiendo hacia la sencillez. Estos dibujos sobre papel reflejaban ideas que distaban de la realidad en el momento en que se plasmaron, pero se han convertido en la actualidad en realidades en muchos casos.

Con el *streamline*, la justificación de las formas quedaba demostrada no sólo ideológicamente, sino también desde el punto de vista de la fabricación, pues, como pudo comprobarse, era más rentable y

[12] GARTMAN, David. "Harley Earl and the Art and Color Section: The Birth of Styling at General Motors". En *Design Issues,* Vol. 10, No. 2 (Summer, 1994), pp. 3-26.

[13] Ese apelativo se pudo comprobar en la celebración de las diferentes ferias mundiales y nacionales, donde se presentaron diseños que sí fueron más propios del futuro que de su presente.

[14] WILDE, Oscar. *La decadencia de la mentira.* Barcelona: Acantilado, 2014.

ventajoso producir en serie piezas curvas que piezas planas. Este tipo de producción mejoraba, y con ella la cantidad daba un salto y se tornaba calidad,[15] permitiendo llevar a cabo la fabricación de un mayor número de objetos dotados de un acabado más perfecto, y, en el caso de los medios de transporte, también más eficiente desde la perspectiva aerodinámica.[16]

A partir de entonces, los diseños de los pioneros norteamericanos dejaron de ser vistos como envoltorios aparentes para empezar a ser entendidos como propuestas más eficientes que aunaban la técnica y la función con una estética propia. Las palabras de Walter Benjamin a este respecto cobraban sentido: "El núcleo de cada objeto es la autenticidad, la autenticidad de una cosa es la quintaesencia de todo lo que en ella, a partir de su origen, puede ser transmitido como tradición".[17] El *styling* partía de objetos que evolucionaron hacia nuevos diseños conformados con el fin de seguir siendo entendidos como parte de la tradición industrial americana.

La fabricación en serie –referida tanto a los materiales como a los procesos–, apoyada en una convergencia de pensamientos basados principalmente en la belleza, pero también en el cuidado, la tradición y el dominio de campos de trabajo concretos, constituye un planteamiento coherente desarrollado en un contexto que propició la aparición de nuevas profesiones y especialidades, así como la evolución de las formas, extrapolando la aplicación de la ciencia al diseño y haciendo uso de fuerzas como la aerodinámica para, simultáneamente y a su vez, conseguir diseños funcionales y erigirse como una serie de proyectos razonables, estando éstos construidos de forma más simplificada y por tanto, adecuada a las necesidades presentes. Asimismo, la fabricación empleando pocas piezas facilitaba la pro-

[15] BENJAMIN, Walter. *La obra de arte en la época de su reproductibilidad técnica*. México D.F.: Ítaca, 2003, p. 92.

[16] RODRÍGUEZ ORTEGA, Nuria. *Manual de teoría y estética del diseño industrial*. Málaga: Universidad de Málaga, 2002, p. 336.

[17] BENJAMIN, Walter. *La obra de arte en la época de su reproductibilidad técnica*. México D.F.: Ítaca, 2003, p. 44.

ducción. El uso de pocos materiales también contribuía a reducir los costes y todo ello, en conjunto, le otorgaba al objeto la ligereza adecuada para que pudiese transportarse.

Esta revolución contribuyó a deshacer una serie de obstáculos y dificultades que podían suponer una traba de cara a la llegada de los objetos a la sociedad. Se logró que éstos formaran parte del entorno cotidiano identificados con un tipo de vida y una cultura, más allá del objeto artesanal de fabricación propia y minoritaria.

El origen de las formas *styling* y su evolución hacia el *streamline* nació de la intuición de sus creadores, quienes buscaron la belleza de las formas, y demostraron que lo bello puede ser más eficiente y útil. El diseño de producto estadounidense, durante gran parte del siglo XX se caracterizó por responder a este planteamiento y desarrollar unas ideas estéticas completamente innovadoras, rupturistas y propias, dando origen a una cultura visual, artística e industrial que pasó a formar parte de su estilo de vida propio denominado *American way of life*.

Las formas *streamline* encontraron su belleza en el aerodinamismo, que además les proporcionaba una mayor eficiencia en sus respectivas funciones, como se aprecia en las locomotoras, los automóviles, los barcos o los aviones —no ocurre igual en el diseño de objetos cotidianos como sacapuntas, grapadoras o neveras, cuyas formas aerodinámicas pretendían simbolizar la modernidad, dejando a un lado cualquier ventaja ergonómica—. De hecho, las líneas aerodinámicas llegaron a ir más allá de la belleza, transformándose en un símbolo de la modernidad y del progreso y pretendiendo generar entre los ciudadanos la ilusión de un futuro mejor.

Desde el *styling* y el *streamline*, hasta la propia ingeniería humanizada y la condición científica del diseño, se aprecia que el trabajo de estos profesionales no sólo fue de carácter estético y creativo, sino que ahondaron también en la ciencia para buscar mejoras mediante la práctica del diseño, adaptando dichos diseños a los materiales, las técnicas y los procesos contemporáneos de producción.

PIONEROS DEL DISEÑO
ESTADOUNIDENSE

Los diseñadores encargados de desarrollar y popularizar el *styling* y el *streamline* constituyen a la vez la primera generación de diseñadores de Estados Unidos que además fue pionera en profesionalizar el diseño industrial en todo el mundo.[1]

Raymond Loewy, Norman Bel Geddes, Walter Dorwin Teague y Henry Dreyfuss compartieron características comunes, pero las manifestaciones del *styling*, desde el punto de vista estético, fueron diversas. La irrupción en escena de estos diseñadores y el tiempo en el que su figura adquirió mayor relevancia coincide con la situación delicada que atravesó Estados Unidos durante los periodos de crisis en 1929 y durante la Segunda Guerra Mundial. Las formas *streamline*, caracterizadas por un diseño optimista llevado a cabo por diseñadores entusiastas, fueron estimulantes para una sociedad que veía en los objetos domésticos de diseño industrial una forma de embellecer su entorno inmediato[2] y también un medio con el que conseguir una vida más cómoda.

La vertiente más mediática fue la protagonizada por Raymond Loewy, dado que él mismo utilizaba su propio carisma como vehículo de venta de sus diseños. Dejó de ser el creador del producto para convertirse en la marca y en la garantía de la calidad del mismo, actuando como un personaje mediático.

Loewy nació en Francia en 1893. Hijo de padre judío y madre católica, ya en su infancia se involucró en el mundo del diseño. Su creatividad innata queda patente si se tiene en cuenta que con tan sólo 15 años ideó y patentó el *Ayrel*, un avión de juguete a gomas con el que obtendría la Copa James Gordon Benett en el año 1908. Durante la Primera Guerra Mundial estuvo al servicio del ejército de su país, y, tras acabar la contienda, decidió abandonar Europa. En 1919, partió de Francia y emigró a Estados Unidos, desembarcando en Nueva York con el equivalente a 50 dólares actuales en su bolsillo y

[1] RODRÍGUEZ ORTEGA, Nuria. *Manual de teoría y estética del diseño industrial*. Málaga: Universidad de Málaga, 2002, p. 337.

[2] HYDE, Charles K. "'Streamlining America', an exhibit at the Henry Ford Museum, Dearborn, Michigan". En *Technology and Culture*, Vol. 29, n°1, 01/1988, pp. 128-129.

Edsel Ford Model 40 Special Speedster®
diseñado por Edsel Ford y Bob Gregorie en 1934

el ferviente deseo de conseguir trabajo como ingeniero. En la Gran Manzana vivía su hermano, quien le animó a que luchara por hacer realidad su sueño. Los primeros años no fueron fáciles. Empezó trabajando, entre otros oficios, como limpia-ventanas en unos grandes almacenes, mientras ejercía de ilustrador para folletos publicitarios

y revistas de moda como *Vogue* y *Harper's Bazaar*, y también como
escaparatista para grandes superficies comerciales como *Macy's* y
Wanamaker's, lo que le permitió alquilar una oficina en la que poder
trabajar como diseñador.

Tras diez años en Norteamérica, Loewy consiguió su primer trabajo relevante al ser nombrado director de arte de *Westinghouse* en
un periodo complicado para la compañía. Dicho cargo lo ocuparía
durante dos años, a la vez que compaginaba un empleo como consultor textil de *Hupp Motor Co.* Ese mismo año de 1929 recibió su primer encargo como diseñador industrial: la fotocopiadora *Gestetner*.
El trabajo consistía en rediseñar el modelo existente. El éxito que
obtuvo con el nuevo diseño le permitió trabajar para dicha empresa
toda su vida. La duplicadora sería el primero de innumerables objetos transformados por el *styling*, un concepto que el mismo Loewy
definía como "la belleza a través de la función y la simplificación".[3]

La enorme aceptación que tuvieron las fotocopiadoras *Gestetner*
contribuyó a incrementar su lista de clientes, que buscaban cose-
char similares resultados. El mismo éxito tendrían años después sus
creaciones para los frigoríficos *Coldspot* que Loewy consideró como
un escalón hacia la perfección, lo que casa con el irónico término
que empleó siempre para definir su método de trabajo MAYA o *Most
Advanced Yet Acceptable*,[4] refiriéndose al equilibrio entre beneficio
económico y perfección estética. Este diseño, encargado por la compañía *Sears Roebuck* en el año 1935, se caracterizaba por la presencia
de líneas aerodinámicas, siendo además el primer refrigerador con
estantes de aluminio inoxidable. Su atractiva estética consiguió
incrementar las ventas de manera exponencial.

Loewy pronunció la famosa frase "lo feo no se vende", muy popular en la época. Dicha expresión formaba parte de su filosofía de
diseño y fue adoptada como título en español de su libro *Never Let*

---

[3] LOEWY, Raymond. *Never leave well enough alone.* Simon & Schuster: New York, 1951,
p. 220.

[4] DOORDAN, Dennis P. "Design at CBS". En *Design Issues*, Vol. 6, n. 2, 1990, pp. 10-11.

Well Enough Alone, encabezamiento que va más allá del objetivo de la venta del producto y hace referencia a la consecución de la excelencia en el diseño. Ir más allá de lo bueno, de lo correcto. El "buen diseño" debe ofrecer mucho más: objetos dotados de un valor cultural más amplio que el meramente funcional. A este planteamiento responde el primer hito del diseño industrial norteamericano bajo el estilo *styling*: la transformación en 1929 de la ya popular máquina multicopista *Gestetner* a la que Loewy dotó de líneas aerodinámicas haciendo uso de esta corriente estética con la intención de mejorar su aspecto y simplificar su manejo.

La factoría Loewy rediseñó y popularizó todos los productos cotidianos de una época, aportando una simplicidad funcional y una cuidada imagen al producto, así como una integración de elementos de la mecánica del objeto. Loewy diseñó bajo el *styling* aunque nunca se desentendió de los aspectos funcionales ni de la capacidad de la forma para expresar cualidades propias de los objetos, y consiguió alcanzar un equilibrio entre la utilidad y los criterios estéticos, todo ello mediante un producto integrado en la sociedad a través del uso de la publicidad, con la que aunó el mundo de las ideas y el de los hechos.[5]

En esa misma década de los años treinta, Loewy consiguió convertirse en uno de los más destacados exponentes de la generación de diseñadores que estaba revolucionando las estrategias del mercado. Amplió su cartera de clientes, y fue contratado por la compañía *International Harvester* para que llevara a cabo el rediseño de sus tractores y furgonetas. Otra de sus creaciones, esta vez a mayor escala, fue la locomotora eléctrica GG-1, que concibió para la *Pennsylvania Railroad* en 1936, la cual se convirtió en la locomotora con el chasis rígido más largo fabricada hasta el momento.[6] Su carcasa soldada que eliminaba todo tipo de remaches, resultó una mejora en apariencia y en mantenimiento, además de reducir los costes de manufactura. Las

[5] COLOMINA, Beatriz. *Privacidad y publicidad. La arquitectura moderna como medio de comunicación de masas*. Murcia: CENDEAC, 2010, p. 131.

[6] COTTER, Bill. *The 1939-1940 New York World's Fair. Creation and Legacy*. San Francisco: Arcadia, 2009, p. 28.

cinco líneas doradas convergentes en el morro eran un motivo más funcional que ornamental. Loewy consideraba que, dado lo silencioso de las locomotoras eléctricas, esas cinco líneas debían servir para que la locomotora fuese vista desde lejos. Se trata de la primera locomotora en la que los componentes iban soldados, y lideró la adopción universal de la técnica para su construcción. Su fascinación por este medio de transporte le llevó a rediseñar este tipo de maquinaria mejorándola técnicamente, haciéndola más aerodinámica y estilizando su figura. Con el diseño de la GG-1 ganó la medalla de oro en la Exposición Mundial de París,[7] y, aunque no obtuvieron ningún tipo de galardón, las locomotoras PRR S1[8] y PRR T-4, así como el lujoso tren *Broadway*, fueron ampliamente reconocidos.

En los años cuarenta, el número de sus trabajos aumentó con respecto a la década anterior. Realizó para Electrolux los diseños del refrigerador L300 y de la aspiradora B6, diseñó una máquina de afeitar para la compañía *Schick*; también trabajó para William J. Halligan, propietario de *Hallicrafters Co.*, encargándose de dar forma al modelo S-38 de su radio de onda corta, y dio forma a la máquina de baile de *Filben Maestro*. En el ámbito del transporte diseñó el autobús interestatal *Silversides* y tuvo también una larga y productiva relación con la compañía automovilística estadounidense *Studebaker* para la que acometió el diseño de algunos de sus modelos, entre ellos el *Studebaker Avanti*. Trabajó para la división de *Ford* conocida como *Lincoln*, encargándose de la carrocería del *Lincoln Continental*, y continuó trabajando para fabricantes de locomotoras. Prueba de ello son los modelos H-10-44, H-16-44 y H-20-44 realizados para Fairbanks-Morse, además de la *Erie-built*, fabricada por esta misma empresa y considerada como la primera locomotora diésel de diseño *streamline*,[9] al igual que sucede con el diseño de la locomotora DR-4-4-15 para la compañía *Baldwin Locomotive Works*.

[7] TRÉTIACK, Philippe. *Raymond Loewy and streamlined design*. New York, NY: Universe/Vendome, 1999, p. 73.

[8] COTTER, Bill. *The 1939-1940 New York World's Fair. Creation and Legacy*. San Francisco: Arcadia, 2009, p. 28.

[9] SOLOMON, Brian. *Classic locomotives: Steam and diesel power in 700 photographs*. New York: Voyageur Press, 2013, p. 335.

Cubierta del libro
The designs of Raymond Loewy

Loewy, como el resto de sus compañeros de profesión, vio en las líneas aerodinámicas del *streamline* un estilo con el que ofrecer un producto de diseño atractivo y competitivo al mismo tiempo que mejoraba y simplificaba su funcionamiento.

Pero el proyecto más característico y significativo realizado en los años cuarenta fue la reinterpretación de la cajetilla de cigarrillos para *Lucky Strike*, llegando a convertirse en uno de los ejemplos más

significativos desde el punto de vista del marketing y del diseño.[10]
El empresario George Washington Hill, presidente de la compañía,
visitó el estudio de Loewy tras haber oído que el diseñador había
dicho que podría mejorar el envoltorio de sus cigarrillos. Éste veía
que las posibilidades de diseño del paquete eran muy limitadas, pero
ante el descenso de ventas que había empezado a sufrir, decidió pro-
bar suerte. Al ver su desconfianza, Loewy le propuso apostar 50.000
dólares a que podría mejorarlo, y el presidente de *Lucky Strike* aceptó
la apuesta. Tras su nuevo diseño, los ingresos de esta compañía
aumentaron y el diseñador, además de ganar su apuesta, demostró
una vez más que tenía confianza ciega en sus posibilidades.

En los años cincuenta, continuó su ascenso. El *streamline* evolucionó
con el paso del tiempo y, a principios de esta década, concretamente
en 1953, *Studebaker* sacó al mercado el automóvil *Commander Regal
Deluxe*, diseñado por el propio Loewy, con su morro en forma de
avión. Este vehículo fue revolucionario al adaptar elementos procedentes del campo del diseño aeronáutico al automóvil, muy distinto
a lo que ofrecía la marca veinte años atrás. Diseñó los modelos *One
Onward* para la compañía automovilística *Hilman Minx*, los cuales,
aunque no gozaban de una estética aerodinámica y deportiva, y
parecían regresar a las formas clásicas, daban un salto cualitativo
en cuanto al diseño y los costes de producción respecto a los modelos anteriores producidos por esta corporación.

La empresa fabricante de tractores *Cockshutt* le encargó el desarrollo de las series *500*, y la productora de juguetes a escala *Lionel's* le
pidió que llevara a cabo el diseño del tren *Coal Loader 497*. En 1958 la
compañía de utensilios de cocina *Le Creuset* le encargó un juego de
sartenes. Un año después, la aerolínea *TWA* solicitó sus servicios
para que rediseñara el logotipo de la compañía. De nuevo, y como
ocurrió en los años cuarenta con la cajetilla de cigarrillos para *Lucky
Strike*, en los cincuenta el éxito fue el rediseño del frasco de Coca-
Cola y de la etiqueta del mismo, en la que se empieza a utilizar por

[10] BAYLEY, Stephen. *The Lucky Strike packet by Raymond Loewy. Design Classics*. Basel:
Verlag Form, 2002.

vez primera el color blanco para las letras sobre un fondo rojo. En principio fue contratado por esta compañía para que rediseñara o modernizara sus equipos de vending como el refrigerador o el dispensador, dotándolos de esquinas redondeadas y mejoras funcionales como un sistema de apertura más práctico o la incorporación de un abridor de botellas. También recibió el encargo de reinterpretar el diseño del camión de reparto, que transformó su carrocería dotándola de líneas curvas y una nueva puerta que permitía aumentar la capacidad de carga y una mayor flexibilidad en cuanto a almacenamiento, consiguiendo que los cajones se apilasen a menor altura. Los directivos quedaron tan contentos que le encargaron el rediseño del frasco.

La década de los sesenta no pudo empezar mejor. La repercusión de su trabajo llegó hasta los dirigentes de la nación y en 1962 el propio gobierno norteamericano le pidió que reinterpretara el diseño del avión del presidente de los Estados Unidos *Air Force One*. Pronto, los colores que sobre éste aplicó, se extenderían por gran parte de la flota aérea estadounidense. En paralelo, continuaba con el trabajo de diseños de carrocerías de otros vehículos. En 1963, mientras trabajaba en el automóvil *Avanti* para *Studebaker*, Loewy afirmó con rotundidad "El peso es el enemigo".[11] Su diseño suprimió la típica rejilla trasera alegando que "en este periodo de escasez de combustible se ha de eliminar peso. Además, ¿quién necesita rejillas? Las rejillas yo las he asociado siempre a las alcantarillas". Esta cita, casi anecdótica, muestra cómo Loewy se replanteaba cada uno de los detalles y elementos de un diseño.

La evolución del *styling* para Loewy no era una mera cuestión estilística, iba más allá. Se trataba de revisar la necesidad de determinados elementos, eliminar lo innecesario, lo superfluo, buscar la simplicidad funcional, para poder llegar a un aspecto externo limpio, elegante, atractivo y aerodinámico que a la vez mejorase la mecánica de los mismos. Ese proceso enlaza con la frase con la que el mismo Loewy

[11] Esta afirmación la repetiría en otras ocasiones a lo largo de su trayectoria profesional, como cuando trabajó para la industria aeronáutica.

Boceto del Studebaker Avanti realizado por
Raymond Loewy en 1961

tituló su libro *Never Leave Well Enough Alone*, en el que plantea que
un diseño no debe ser sólo "suficientemente bueno", debe ir más
allá, buscar la excelencia.

En el campo del diseño gráfico continuó mostrando sus dotes con
los logotipos para la compañía petrolífera *Exxon* en 1966 y para la
aseguradora *Chubb*, así como también para la cadena de supermer-
cados *SPAR* en 1968, siendo, este último, un encargo de carácter
internacional.

En los años setenta el volumen de trabajo descendería, aunque no por
ello los encargos que recibió fueron menos importantes. De hecho, en
el apartado gráfico siguió creando imponentes e imperecederos logotipos, como el *Eagle Logo* para la *United States Postal Service* en 1970,
o el logotipo para la compañía *Shell* un año más tarde. En 1975 recibió
el encargo de rediseñar el interior del avión de *Air France* conocido
como *Concorde*, pero lo más relevante de estos diez años se encuentra en el diseño del habitáculo del *Skylab* que se convirtió en la primera estación espacial puesta en órbita por los Estados Unidos. Viajó
hasta el espacio impulsada por el cohete Saturno V y entró en órbita
alrededor de la Tierra entre los años 1973 y 1979.

Para un proyecto de tal envergadura, Loewy puso en práctica todos
sus conocimientos. Ejecutó un diseño de interiores completamente
innovador, teniendo en cuenta esquemas de color que mejorasen
la calidad de las estancias, proyectando un área privada para cada
miembro de la tripulación en la que relajarse y descansar. Diseñó el
mobiliario, el menaje, los módulos de almacenamiento de las prendas
de vestir, e incluso las propias prendas. Aplicó diseños para la gestión
de residuos y estableció unas primeras normas de diseño para este
tipo de habitáculos espaciales. Además, incorporó un ojo de buey para
contemplar el planeta azul desde el espacio. Su colaboración con la
NASA fue una muestra más de la notabilidad, confianza y credibilidad
que se le daba ya no sólo al trabajo de Raymond Loewy como diseñador, sino al de todos sus colegas que componían la profesión.

Sus aportaciones supusieron un antes y un después en la historia
del diseño y de la mercadotecnia. El mayor triunfo de su carrera

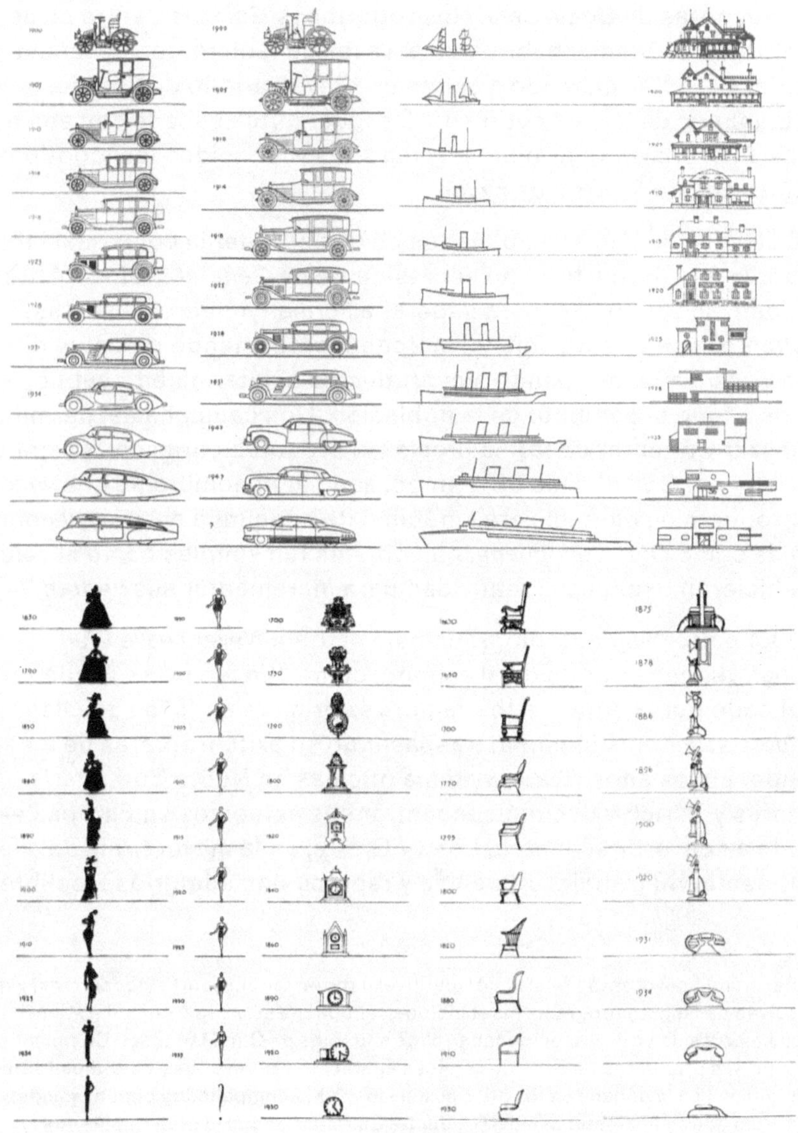

Evolución de diferentes objetos, tendencias y
arquitectura según Raymond Loewy

consistió en transformar la fotocopiadora *Gestetner*, las máquinas expendedoras de *Coca-Cola* y los frigoríficos *Coldspot*, entre otros objetos, en imágenes habituales para los consumidores de mediados del siglo XX, pasando a ser en un breve periodo de tiempo, objetos comunes de la vida cotidiana. De igual forma sucede con sus trabajos en el apartado gráfico: hoy día son reconocidos los logotipos de *Shell Oil*, de *SPAR* o de *Exxon*.

Sus diseños venían acompañados de una estrategia comercial influida por la que llevó a término el presidente de *General Motors*, Alfred P. Sloan, en el año 1923 para superar a *Ford* en número de ventas, mediante la segmentación del mercado, produciendo modelos diferentes cada año, dirigiendo sus productos a determinado público en vez de a todo el conjunto de la población. Una campaña así permitiría canalizar y orientar de forma precisa el producto para cada sector de la sociedad. Con el paso del tiempo, asociar el nombre de Loewy a un producto o compañía era sinónimo de búsqueda de éxito, y compañías como *Olin Cellophane*, con objetos tan simples como el celofán, hicieron uso de su creatividad para incrementar sus ventas.[12]

En 1951 publicó su autobiografía bajo el título *Never Leave Well Enough Alone*[13] –traducida al español como "Lo feo no se vende" y publicado por la editorial Iberia por vez primera en 1955– que llegó a ser *best-seller* en Alemania, traspasando su éxito fronteras de medio mundo. En los años 70 Loewy tenía oficinas en Nueva York, París, Londres y Zúrich y decidió concentrar sus esfuerzos en Europa llegando a convertir su marca, Loewy Group, en la mayor firma del viejo continente. Su trabajo, influencia y repercusión adquirió tal calibre

[12] "Raymond Loewy says: To stay competitive in the American market today, most well-conceived packaging programs msut include cellophane as a basic consideration." Estas palabras de Loewy acompañaban a los anuncios de Olin Mathieson Chemical Corp. En sus productos de cinta de celulosa aparecidos en revistas y periódicos estadounidenses en la década de los años 50 del siglo XX, acompañados por una imagen del mismo Loewy haciendo uso del producto. Su rostro adquirió gran popularidad, y actuaba como reclamo, siendo visto entre el público norteamericano como un ejemplo de modernidad y buen gusto.

[13] LOEWY, Raymond. *Never leave well enough alone.* Simon & Schuster: New York, 1951.

que *The New York Times* afirmó en una ocasión que "es difícil no abrir una cerveza o un refresco, preparar el desayuno, embarcar en un avión, enviar una carta o comprar un electrodoméstico sin encontrar una creación de Loewy".[14] La frase resume hasta dónde se extendió el trabajo e influencia de este diseñador.

Sus trabajos como diseñador gráfico y de producto para las grandes empresas tuvieron y siguen teniendo tal repercusión que los proyectos que llevó a cabo dentro del campo del diseño arquitectónico han quedado en un segundo plano.

En 1936 la compañía de tractores *International Harvester* contrató los servicios de Loewy para que supervisara el diseño de algunos de sus modelos. Pronto se ocupó de remodelar el logotipo de la empresa y a partir de 1946 también acometería el diseño de sus concesionarios. Para esta empresa ideó un sistema modular estandarizado que bautizaría como *Servicenter*. En pocos años, alrededor de 1.800 concesionarios se distribuían por toda la geografía estadounidense.

Entre 1947 y 1951 invirtió en su propio negocio y remodeló el espacio interior de su propio estudio de Chicago. Posteriormente, entre 1951 y 1961 haría lo propio con la oficina que su compañía poseía en Nueva York.

En 1948 la cadena de tiendas *Lord & Taylor* contactó con su estudio para que se encargara de los diseños de sus nuevos establecimientos. Colaboraron conjuntamente con los arquitectos Starrett & Van Vleck, y crearon un tipo de establecimiento mezcla del estilo internacional y el tradicional americano que el propio Loewy definiría como *Colonial Modern* –o también *Country Modern*–.

La compañía ferroviaria *Norfolk* and *Western Railway* construyó en Roanoke (Virginia) tres edificios en periodos diferentes de tiempo: dos de oficinas y una estación de pasajeros. Esta última era de corte neoclásico y fue remodelada en 1949. Para tal fin, desde *Norfolk and Western Railway* contrataron los servicios de Raymond Loewy, quien

---

[14] La reportera Susan Heller escribió un artículo en el *New York Times* tras la muerte de Loewy el 14 de julio de 1986.

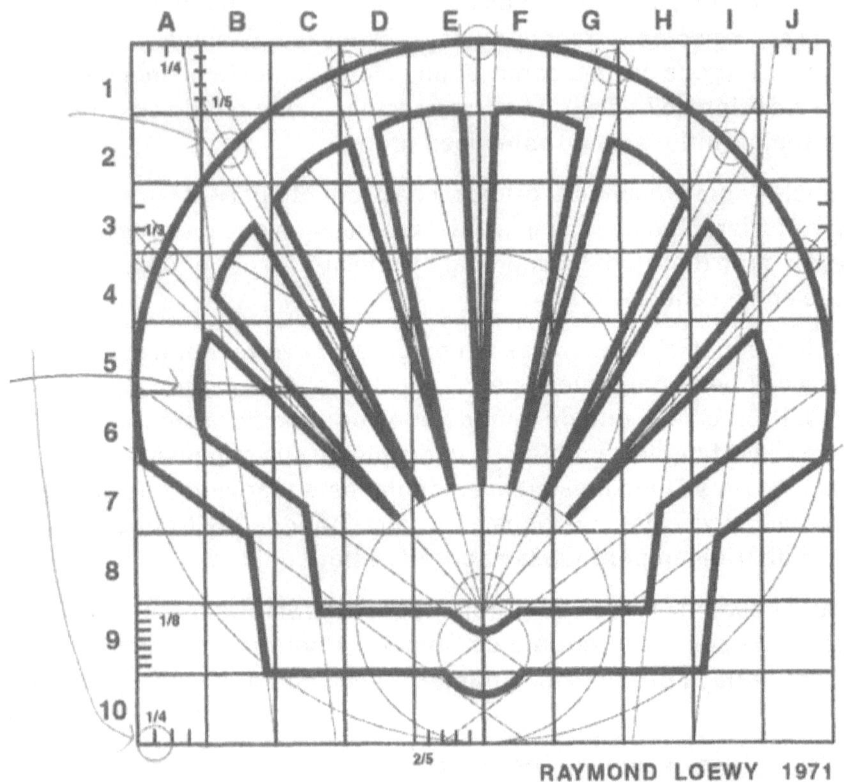

Estudio de diseño del logotipo para la compañía
Shell realizado por Raymond Loewy en 1971

en su proyecto buscó modernizar el edificio, para lo que propuso la sustitución de la fachada de ladrillo por un frente de cristal con carpintería metálica buscando crear un espacio más abierto, levantando los techos hasta una altura de 6,7 metros. Además, incorporó una cúpula y añadió paredes de mármol, moviendo tabiques para crear un flujo más eficiente de personas y un uso más provechoso del suelo. Una de las grandes novedades incluidas fue la de la colocación de unas escaleras mecánicas que comunicaban con el andén, siendo las primeras vistas en la región.

En 1949 recibió el encargo de rediseñar los interiores de la tienda *Thalhimers*. Junto con William Snaith, un arquitecto formado en París y por entonces su empleado, buscó modernizar el local reubicando los ascensores en la parte trasera del mismo y ampliando la superficie hasta los 7.600 metros cuadrados. Las diferentes plantas del edificio fueron redecoradas aplicando temáticas históricas.

En 1952 su estudio fue llamado para encargarse del diseño de los interiores de la *Lever House*, un edificio de oficinas erigido para la multinacional *Unilever* considerado como el primero construido haciendo uso de nuevos materiales, llegando a convertirse en un referente del movimiento moderno en Estados Unidos. Los arquitectos que acometieron el proyecto fueron Skidmore, Owings & Merrill (*SOM*), pero el diseño interior fue encargado a Loewy, quien también se ocupó del diseño de todo el mobiliario. Estructural y estéticamente, es un proyecto que guarda similitudes con el hotel SAS de Arne Jacobsen, tanto por el uso del metal para la estructura, como por el del cristal para la envolvente, además de partir de formas cuadrangulares en planta. El ideólogo de la colaboración entre estos dos estudios fue Charles Luckman, hombre de negocios y arquitecto de formación que en aquellos tiempos se había convertido en el presidente de la compañía *Lever Brothers*. Concibió la *Lever House* como un edificio rentable desde el punto de vista publicitario, buscando en todo momento que su diseño se aproximase a la escultura.

El *New Yorker* y otros medios de comunicación de la época se hicieron eco de este trabajo de Loewy, que destacó por el uso del color, en concreto la utilización de una tonalidad beige, predominante en los fondos, que pasaría a ser conocida como el color *beige Lever House*. En conjunto, la intervención de Loewy gozaba de una armonía que contribuía desde el punto de vista de la publicidad, a incrementar su valor de mercado. Para el diseño del jardín, el estudio de Loewy colaboró con Isamu Noguchi.

En aquel entonces, Raymond Loewy empleaba a varios cientos de empleados,[15] entre los que se contaban diseñadores de producto, diseñadores gráficos, arquitectos y otros profesionales creativos.

En 1961 la empresa Raymond Loewy Associates pasó a ser conocida como *Loewy/Snaith Inc.* (también conocida como *The Raymond Loewy/William Snaith Inc.*),[16] convirtiéndose en socio de William Snaith, que venía ocupándose de la supervisión de todos los proyectos de diseño interior. Durante la década de los cincuenta, otro joven arquitecto y diseñador gráfico llamado Andrew Geller había sido nombrado, dentro de la empresa, director del departamento de arquitectura de la ciudad de Nueva York, vicepresidente de la misma y director de diseño. Se encargó de desarrollar importantes proyectos como centros comerciales y grandes almacenes para *Macy's*, *Lord & Taylor*, *Wanamaker's*, *Bloomingdales* o *Daytons*. También diseñó el pabellón de Estados Unidos para la Feria Mundial de Beirut y en 1959, actuando en calidad de vicepresidente del departamento de Vivienda y Hogar de la empresa de Loewy, fue el supervisor de diseño de la *Casa típica estadounidense* (*Typical American House*) para la Exposición Nacional de Estados Unidos en Moscú.

La lista de proyectos de diseño arquitectónico acometidos por el estudio de Raymond Loewy es increíblemente larga, habiendo transformado las oficinas de empresas tales como *DeMets Tea Room and Candy Shop* en 1946, *Hanover Bank* en 1953, *James Lees and Sons Company* entre 1946 y 1950, Textron Inc., en 1947, la sede de *Air France* en París en 1957 o la *Royal McBee*, para la que redecoró algunos de sus edificios de oficinas entre 1956 y 1961.

Otros espacios también fueron remodelados, como el restaurante *Bull and Bear* del Waldorf-Astoria entre 1960 y 1962, algunos de los restaurantes de la cadena *Stouffer's* entre 1955 y 1958 o una gasolinera de la *Union Oil Company* en Pasadena en 1949.

[15] TRÉTIACK, Philippe. *Raymond Loewy and streamlined design*. New York, NY: Universe/Vendome, 1999, p. 76.

[16] GANTZ, Carroll. *Founders of American Industrial Design*. Jefferson, NC: McFarland and Company Inc., 2014, p. 162.

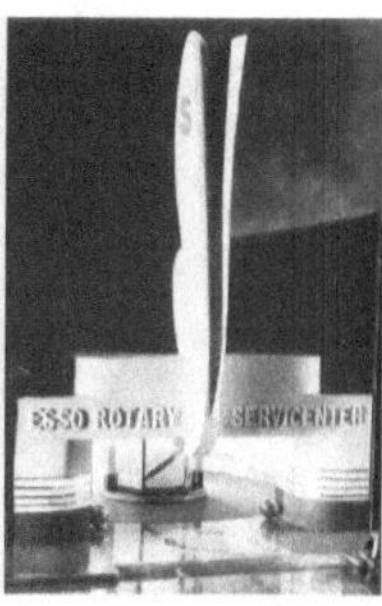

Diseños de Raymond Loewy para las gasolineras
urbanas de la compañía ESSO

Su interés por el campo arquitectónico se ve reflejado en los diferentes
artículos que desde 1961 y hasta 1968 publicó sobre vivienda, o en los
distintos proyectos en los que, de forma directa o indirecta, participó.

Se retiró a su país de origen, Francia, junto a su mujer, donde dis-
frutó sus últimos años de vida hasta morir en 1986 a la edad de 92
años. Su talento y enorme contribución al mundo del diseño le han
valido un lugar en la historia siendo considerado el "Padre del Diseño Industrial".

Otro importante pionero coetáneo de Loewy fue Norman Bel
Geddes. Como la mayoría de sus compañeros de profesión, procedía
del mundo del teatro. Esta vinculación con la escenografía influyó
indudablemente en su visión efectista del diseño, a la que se ajus-
taban las líneas aerodinámicas del *streamline*, aunque su obra no
profundizó en la base ideológica de este movimiento que más tarde
otros colegas suyos desarrollarían.

Nació en Adrian, Michigan, en 1893, en el seno de una familia pudiente, pero siendo un niño su padre lo perdió todo y dejó a su muerte una
familia sumida en la pobreza. Ello no impidió que Norman fuera formado por su culta madre en el dibujo, el teatro y la ópera. Estudió en

Interiores de la *Lever House*
diseñados por Raymond Loewy

Lever House de SOM e interiores de Loewy

el Institute of Art of Chicago y comenzó a trabajar como ilustrador para publicidad en Chicago y Detroit en 1913. Poco tiempo después cambió su apellido a Bel Geddes tras contraer matrimonio con la escritora Helen Bel. Su carrera conoció el éxito como diseñador para la *Metropolitan Opera* en Nueva York y en 1925 creó escenografías para cine en Hollywood.

Comenzó su carrera diseñando escenografías para diferentes teatros
en Los Ángeles durante los años 1915 y 1918, encargados éstos por
Louise Aline Barnsdall, y en Nueva York, para la ópera metropolitana.
También dirigió algunas obras de teatro y un espectáculo sobre hielo.
En la década de los años veinte trabajó para la industria de Hollywood,
encargándose de las escenografías de una película dirigida por Cecil
B. DeMille,[17] a la vez que elaboró decorados para Broadway.

Fue en estos años cuando alcanzó la fama al colaborar con el director Max Reinhardt en la obra *The Miracle*, estrenada en Estados Unidos en 1924. Otras producciones importantes en las que participó
fueron *La Divina Comedia* (1921-1929), *Juana de Arco* (1925), *Arabesco*
(1925), *Lázaro Riera* (1927), *Hamlet* (1929-1931), *Lisístrata* (1930), *Ifige-
nia en Aulis* (1935), *Dead end* (1935) y *The eternal road* (1937). Como
algunos estudiosos de su obra afirman,[18] es probable que todos los
diseños que llevó a cabo para estas obras no habrían alcanzado
éxito de no haber sido por las novedosas y dinámicas técnicas de iluminación que ponía en práctica en cada una de ellas.

El contacto que llegó a mantener con Frank Lloyd Wright a través
de Aline Barnsdall, o con Erich Mendelsohn, le empujó a centrar su
atención en aspectos de la arquitectura y el diseño. De hecho, su
trabajo como diseñador industrial no comenzaría hasta 1927 cuando,
bajo la petición de Ray Graham, cofundador junto con sus hermanos
de la compañía automovilística *Graham-Paige Motors Company*, diseñó cinco modelos de carrocería de latón para coches. La intención
era proponer una serie de diseños de automóvil del futuro, aunque no
pasaron de ser prototipos, pues ninguno de ellos fue producido.

En 1929 diseñó un prototipo de avión anfibio de nueve plantas en las
que se incorporaban todo tipo de usos: gimnasio, solárium, escenario para orquesta, salas de juegos, e incluso dos hangares, mostrando un proyecto ambicioso que ya dejaba intuir la clase de metas que

[17] Dicha película fue titulada *Feet of Clay* y estrenada en 1924.

[18] BOGUSCH, George E. "Norman Bel Geddes and the art of modern theatre lighting",
en *Educational Theatre Journal*, Vol. 24, n. 24, 1972, p. 415.

este diseñador se autoimponía. Un año antes, en 1928, la compañía *Simmons* había contactado con él para que se encargase del diseño de una serie de mobiliario metálico para dormitorio, el cual salió al mercado en 1932, casi al mismo tiempo en el que presentó su modelo *House of Tomorrow*, una visión de la vivienda del futuro que, con cierto aire Art Déco, llegó a significar un impulso para el *streamlining* arquitectónico y un nuevo planteamiento para los conceptos de arquitectura y arquitecto.[19]

El "espacio sintético" altamente estructurado que Geddes había ideado recreaba físicamente la popularidad que había alcanzado el *streamlining* en la década de los treinta. Asimismo, definió al arquitecto como un "hombre de negocios" que, para alcanzar el éxito, debía hacer todo lo posible para complacer a sus clientes. Norman Bel Geddes reveló su talento creando características atmósferas, con interiores que eran elaborados con precisión, en los que la iluminación incorporada y empotrada, o la integración de los sistemas mecánicos llegaban a definir el espacio de forma novedosa e impactante. El estilo *streamline* fue algo más que una moda de formas orgánicas, fue también una práctica que representaba una original definición del espacio tanto en términos físicos como psicológicos.

En 1930, junto con su segunda mujer, Frances Waite, el diseñador Worthen Paxton, Earl Newsome y el arquitecto George Howe, creó

[19] En 1931, Bel Geddes publicó en la revista Ladies Home Journal, una publicación dirigida a un público generalizado y no experto un texto también titulado *House of Tomorrow*, en el que explicaba la necesidad de asumir los cambios y la importancia del rol del arquitecto en sus vidas: "An architect is not selling you goods that you can see and handle; he is selling you his ideas, his imagination and the knowledge that has cost him a lot of time and money. He cannot show you the house he would like to build for you, nor can he demonstrate to you how good or bad your own ideas for it may be. True, he can show you plans and even models, but neither of these two will give you the real feeling of the house. So what it amounts to is that you have to trust him to a great extent, and that is where things so often go awry. Clients have a certain faith in their architect, but when he proposes something a little original and different from the usual run of houses they are apt to take fright and go to the opposite extreme of conservatism. Gradually, however, people are beginning to realize that if their houses are to be improved, they must be prepared to jettison some of the old ideas and ideals, and some progress is being made."

Norman Bel Geddes & Co., una firma que llegaría a emplear, tan sólo
nueve años después de haberse constituido, alrededor de cien personas para trabajar en los pabellones que le fueron encargados con
motivo de la Feria mundial de Nueva York, y que mantendría su actividad a lo largo de las siguientes dos décadas con gran éxito.

Geddes contribuyó de manera decisiva a la difusión y el estudio del
estilo aerodinámico a pesar de que fueron pocos los prototipos que
se hicieron realidad. Su capacidad para visualizar el futuro y creer
en la supremacía de las formas aerodinámicas le convirtió en una de
las figuras de mayor influencia en la época, justificando los diseños
de sus prototipos con la aplicación de una disciplina como la física.
Visionario de la tecnología, vio más allá del presente en el diseño de
objetos cotidianos y medios de transporte, y desarrolló una importante labor en el campo de la arquitectura y el planeamiento urbano.

Su trabajo como diseñador generó patentes de innovadores y aerodinámicos coches, trenes, barcos transoceánicos y aviones, así
como de productos de consumo diario. Geddes hizo realidad su idea
de hacer atractivos y con un diseño novedoso todos los productos
de uso frecuente, aplicándoles la estética *styling*. Para ello tomaba
sus formas geométricas básicas y las suavizaba, empleando el vidrio
y el acero cromado. Muchas de estas creaciones fueron publicadas
en *Horizons*, un libro que aumentó su buena reputación en la industria del diseño y con el que justificaba las formas del *streamline*.[20]

Las formas ovoidales de los vehículos del futuro, idealizadas por el
streamlining y ampliamente asociadas a la velocidad y a la eficiencia
aerodinámica, se entendieron como un emblema de la confianza en el
porvenir. Uno de los aspectos más notables del *streamline* es el sueño
del perfecto aerodinamismo, tomando la forma del pez, o de la gota
de agua, entre otras referencias. El vehículo moderno proporcionaba
satisfacción y contribuía al deseo de la sociedad norteamericana de
poseer un territorio, reflejando la cambiante sociedad del momento

---

[20] MEIKLE, Jeffrey L. *Twentieth Century Limited: Industrial Design in America, 1925-1939.*
Philadelphia: Temple University, 2001, p. 48.

con sus líneas y formas marcadas por la velocidad. También suponía un cambio en la actitud urbanística, desde la que proponía novedosos planeamientos en cuadrícula aplicables a cualquier ciudad.

Un ejemplo es la propuesta en la que quince bloques de edificios debían ser sustituidos por un rascacielos que ocuparía una sola manzana, destinando el espacio de los catorce bloques restantes a zonas verdes o parques, pues se conseguiría un mayor acceso a la luz y a la ventilación natural. Esta teoría también podía ser propuesta para pequeñas localidades, ubicando en el centro de la ciudad un edificio tipo torre que aglutinaría a todas las pequeñas empresas.

Sus creaciones sirvieron de inspiración para muchos diseñadores que se encargaron de los diseños de famosos modelos de medios de transporte como ocurrió en 1934 con el tren *Union Pacific M-10.000* o el aeroplano *M-130 Pan American China Clippers* y sus interiores. También fue llamado para diseñar un modelo de estación para la compañía *Socony-Vacuum Oil Corporation*, que en paralelo había solicitado los servicios de K.E.M. Weber, quien junto con sus estudiantes de arte, llevaron a cabo el diseño de algunos prototipos para California.[21]

Su obra más conocida es quizás el modelo que diseñó de la ciudad del futuro *City of Tomorrow*, en el que incluyó autopistas que suponían un importante motor publicitario para la compañía *Shell Oil*. La idea fue utilizada más tarde en la exposición *Futurama*, que la *General Motors* llevó a la Feria Mundial de Nueva York en el año 1939. La gran estructura mostraba una ciudad del futuro, concretamente del año 1960, con autopistas elevadas y coches aerodinámicos, llegando a convertirse en el evento más visitado de la feria.

La Feria Mundial de Nueva York se llevó a cabo coincidiendo con los años finales de la Gran Depresión, época en la que se miraba con recelo todo negocio o consumo considerado irresponsable o de despilfarro. En esta coyuntura, las grandes compañías vieron en la Feria la perfecta oportunidad para ofrecer una nueva imagen

---

[21] JONES, W. Dwayne. *A field guide to gas stations in Texas.* Austin: Texas Department of Transportation, 2003, p. 46.

más optimista y de progreso que fuese asociada a la mejora de la vida de las personas a través del racional uso de la tecnología. Los diseñadores industriales fueron los elegidos para conseguir transmitir esta idea y los resultados fueron muy positivos, hasta el punto de dar lugar a un clima de euforia que se vería reafirmado tras la Segunda Guerra Mundial.

Geddes fue elegido por la compañía General Motors para diseñar, junto con el arquitecto Albert Kahn, una de las mayores exposiciones del evento, llamada *Futurama*, una enorme maqueta con la que se permitía al público ver la ciudad del futuro. La obsesión de Geddes por el *streamline* se ve en este caso reflejada en las formas de los vehículos, y en la visión que propone de la vida pública. Geddes planteaba una ciudad con "abundante sol, aire fresco, verdes caminos" capaz de convivir con "rascacielos y autopistas de siete carriles".[22]

La monumental escala de los edificios venía justificada por el supuesto futuro crecimiento, y la forma de los mismos, de clara tendencia streamline, entraba en consonancia con el conjunto. Geddes consiguió despertar el interés de los visitantes a través de su propuesta de una nueva ciudad del futuro ofreciéndoles la oportunidad de compartir la visión social y tecnológica de ésta.[23] El *streamlining* que concibió este diseñador era algo más que una apariencia o imagen exterior de la ciudad. Las autopistas, los pasos elevados o la propia cinta transportadora que movía a los visitantes a través de *Futurama* en el recorrido de la muestra, enfatizaban la movilidad como idea generadora de la exposición, que a su vez representaba los intereses comerciales de la compañía *General Motors*. Creó no únicamente una mera forma urbana, sino un recinto espacial confortable, un "espacio sintético" caracterizado por las relaciones que se establecían entre la arquitectura, el espacio público y el transporte. El proyecto daba

[22] COOMBS, Robert. "Norman Bel Geddes: Highways and Horizons". En *Perspecta*, Vol. 13, 1971, pp. 15-24.

[23] MARCHAND, Roland. "The designers go to the Fair II: Norman Bel Geddes, The General Motors "Futurama", and the visit to the Factory transformed". En *Design Issues*, Vol. 8, n. 2, 1992, p. 25.

Maqueta de estación de servicio para Socony-Vacuum,
diseñada por Norman Bel Geddes en 1934

solución a los problemas del espacio público de la ciudad de aquel
tiempo, desde las barreras que provocaban las vías de tráfico rodado
para el peatón, hasta las dificultades para conseguir aparcamiento.[24]
Futurama ofrecía así una promesa de tiempos mejores, en mitad de
la lucha económica y la sombra de la guerra. Además, mostraba una
preocupación por el devenir futuro de la ciudad.

Los visitantes salían del pabellón expositivo con un pin que decía "He
visto el futuro", muchos de ellos con la fuerte convicción de haber
presenciado lo que les depararía el progreso. Las constantes referencias evocaban un futuro dinámico y con un alto grado de disciplina
y orden.[25] En cierto modo así era, pues al poco tiempo el presidente

[24] COOMBS, Robert. "Norman Bel Geddes: Highways and Horizons". En *Perspecta*, Vol.
13, 1971, p. 13.
[25] ADAMS, Douglas. "Norman Bel Geddes and streamlined spaces". En TAE, Vol. 30, n.
1, Teaching and Landscape, 1976 – pp. 23-24.

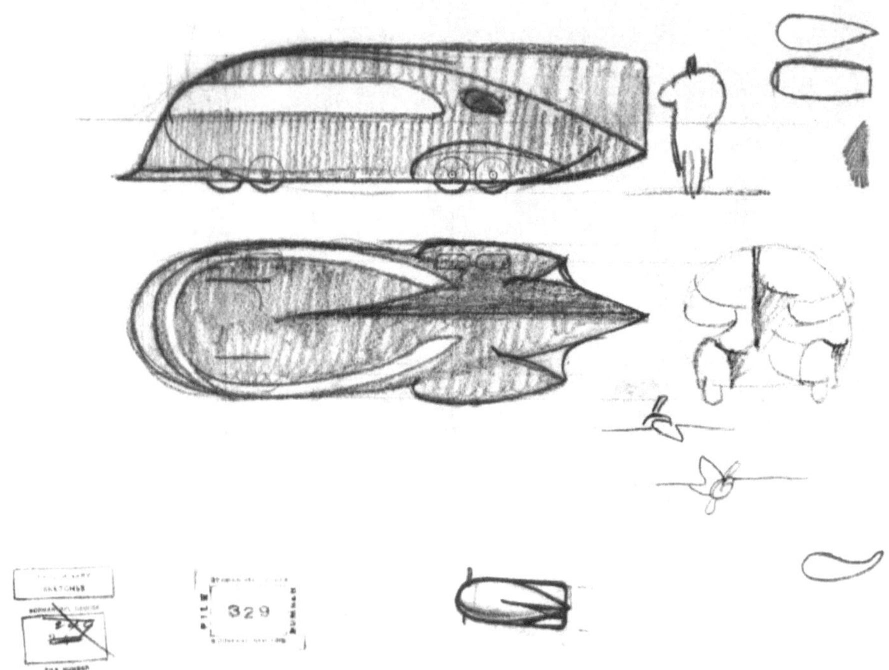

Boceto de los vehículos del futuro que Bel Geddes
diseñó para incluir en las maquetas de *Futurama*

Roosevelt recurrió Geddes para abordar el planeamiento de la red
nacional de carreteras y autopistas interestatales, lo que tuvo una
fuerte influencia en el crecimiento de las ciudades. De hecho, y a
raíz de su *Ciudad del Mañana*, publicó *Magic Motorways*,[26] un texto
que sirvió de referencia para la configuración de la red de autopistas
interestatales de la posguerra en Estados Unidos. Igualmente, siguió
trabajando en el campo del planeamiento urbano, y en la ciudad de

[26] BEL GEDDES, Norman. *Magic motorways*. New York: Random House Books, 1940.

Toledo, en Ohio, para la que diseñó un *master plan* con un nuevo modelo de ciudad del futuro, proponiendo a través de una gigantesca maqueta de diecisiete metros cuadrados un posible desarrollo basado en su propia teoría que nunca fue llevado a cabo.[27] La movilidad y la cultura del cambio, así como los logros tecnológicos desde los años 30, eran la definición inequívocamente moderna del espacio público.

Una vez finalizada la feria de Nueva York, retomó su actividad como diseñador de producto, lo cual se vio interrumpido al poco tiempo como consecuencia de una serie de problemas financieros. A pesar de ello, algunos diseños de electrodomésticos, lámparas y mobiliario continuaron apareciendo, encargados por pequeñas y grandes compañías, como fue el caso de *IBM* en 1944, quien le encargó la envolvente de la computadora *Mark I*, así como la compañía automovilística *Chrysler*, que requirió sus servicios para la creación de algunos de sus nuevos modelos.

En 1944, Bel Geddes fue uno de los quince fundadores de la Sociedad de Diseñadores Industriales (SID), de la que Walter Dorwin Teague fue su primer presidente. Entre sus miembros se encontraban Loewy y Dreyfuss.

Los proyectos en marcha, como las actividades que le mantenían en la primera línea del panorama industrial, no evitaron la disolución de la empresa que se había consolidado a lo largo de tres décadas. El aumento del número de trabajadores en el estudio, por los encargos para el desarrollo de los diferentes pabellones de la Feria de 1939, desembocó, después de la celebración de dicho evento, en una situación inviable empresarialmente. En 1950 Norman Bel Geddes

[27] En esta propuesta bautizada como *Toledo Tomorrow*, planteada en 1945, Bel Geddes aplicó conceptos ya mostrados en *Futurama*, como la resolución de los problemas del tráfico rodado frente al peatonal. Eliminaba los ferrocarriles que atravesaban el centro de la ciudad y rompió el patrón urbanístico en cuadrícula, propuso parques en las lindes del río y dejaba las áreas residenciales como unidades autónomas. Los grandes espacios destinados a zonas verdes la convertían en una propuesta de ciudad jardín. La maqueta se expuso en el zoológico de la ciudad para que todos los ciudadanos pudiesen opinar al respecto.

se desvinculó de la corporación que él mismo había fundado veinte años atrás y creó una sociedad unipersonal que estaría en funcionamiento hasta su fallecimiento en 1958, desarrollando proyectos más concretos y de menor volumen.

Bel Geddes llegaría a ser uno de los grandes exponentes del estilo aerodinámico o *streamlining* y pionero en la asesoría empresarial en diseño. Al igual que Raymond Loewy, demostró su genio y habilidad para promocionar a su persona y a sus ideas. Dos años después de su muerte, la autobiografía *Miracle in the Evening*,[28] le hizo si cabe más famoso.[29]

Su obra justifica por qué es considerado el pionero o "padre" del *streamlining*, bautizado éste como el "primer estilo moderno norteamericano". Sus innovadoras ideas fueron más allá de los planteamientos de sus contemporáneos, y aunque muchas de ellas se quedaron en dibujos o en modelos nunca producidos, sí que consiguieron transmitir la base ideológica que él asociaba al *streamlining*. Según Steven Heller "El *streamlining* fue a la vez el motor del progreso y una metáfora del ritmo rápido de la vida diaria".[30]

Para el propio Geddes, el *streamlining* ilustraba el coraje: "Estamos muy inclinados a creer, porque las cosas han sido hechas de una determinada manera por mucho tiempo. Seguir viejas líneas de pensamiento es un método para jugar sobre seguro. Pero ello priva de iniciativas y toma mucho tiempo. Sacrifica el valor del factor sorpresa. A veces, la única cosa que hay que hacer es ¡cortar con lo fácil y hacer lo inesperado! Ser progresivo conlleva algo más que imaginación. ¡Conlleva visión y coraje!"[31]

---

[28] BEL GEDDES, Norman. *Miracle in the evening*. New York: Doubleday, 1960.

[29] A ello había que sumarle el éxito de su hija Barbara como actriz en el mundo del cine y el teatro.

[30] HELLER, Steven; FILI, Louise. *Streamline: American Art Deco Graphic Design*. San Francisco: Chronicle Books, 1995, p. 80.

[31] We are too much inclined to believe, because things have long been done a certain way, that that is the best way to do them. Following old grooves of thought is one method of playing safe. But it deprives one of initiative and takes too long. It sacrifices

Su participación en el campo arquitectónico fue también prolífica. Sus comienzos se centraron en el diseño de escenografías para teatros, pero fue más allá y llegó incluso a proyectar edificios destinados a este arte. Uno de los de mayor repercusión fue el *Theater Number Six* (*Diagonal Axis*), en el que trabajó de manera ininterrumpida entre 1915 y 1929.[32] Era éste un edificio innovador para su tiempo, estructurado en torno a un eje diagonal en el que se distribuían el escenario y el auditorio, duplicando el área del escenario y utilizando un alto porcentaje de espacio para las representaciones.

Su diseño permitía la incorporación de más asientos, ya que se disponían de tal forma que desde todos ellos el ángulo de visión permitía contemplar el escenario frontalmente en todo momento. Este concepto fue adoptado por muchos otros arquitectos y diseñadores, y sirvió de base para los sucesivos diseños teatrales acometidos por Bel Geddes. El diseño no se quedaba únicamente en los espacios interiores del teatro, también proyectaba una envolvente que nada tenía que ver con las construcciones de la época. Dos semiesferas enfrentadas, con una serie de torres de planta cuadrangular situadas entre ellas, además de otros edificios de menor altura cerrando el espacio, daban forma al exterior del *Theater Number Six*. A pesar de no contar con la titulación de arquitecto, llegó a presentar este proyecto ante la Architectural League de Nueva York en el año 1922, y el interés que suscitó, sumado al éxito que obtuvo la escenografía de *The Miracle* le sirvió para que se publicara un artículo sobre su obra en la prestigiosa revista *Architectural Record*,[33] escrito por Claude Bragdon.[34]

---

the value of the element of surprise. At times, the only thing to do is to cut loose and do the unexpected! It takes more even than imagination to be progressive. It takes vision and courage. BEL GEDDES, Norman. *Horizons in industrial design*. Boston: Little, Brown, and Co., 1932, p. 293.

[32] El propio Bel Geddes publicó por primera vez el diseño de este teatro en su publicación *INWHICH MAGAZINE*.

[33] YANNACCI, Christin Essin. *Landscapes of American Modernity: A cultural history of theatrical design, 1912-1951*. Ann Arbor: ProQuest, 2007, pp. 137-139.

[34] BRAGDON, Claude. "A theatre transformed: Being a description of the permanent setting by Norman Bel Geddes for Max Reinhardt's Spectacle, The Miracle". En *The*

En diciembre de 1922 se inauguró en Nueva York el *Palais Royal Cabaret Theatre*, en el que Bel Geddes había diseñado los espacios interiores con cierto aire Art Déco. La popularidad de dicho espacio derivó en que tan sólo un año después apareciese una reproducción del cabaret en el espectáculo *Lady be good,* protagonizado por Fred Astaire.

A lo largo de aquellos años, y hasta 1929, Bel Geddes proyectó otros teatros que tampoco llegaron a construirse, pero de los que han perdurado planos y bocetos que muestran sus avanzadas ideas. Las formas curvas son predominantes en la mayoría de los diseños, y ejemplo de ello es el *Theater Number Fourtheen*, proyectado en 1922, concebido a modo de anfiteatro, con un escenario y unas graderías circulares situadas en el interior de una enorme semiesfera embebida en otra de mayor tamaño.

En 1929, y tras varios años de dedicación,[35] finalizó el diseño del *Divine Comedy Theater*, otro proyecto innovador de mayores dimensiones que los anteriores. Con motivo de la Exposición Internacional que se iba a celebrar en Chicago en 1933-1934, Bel Geddes propuso la construcción de este teatro para que en él se representase la *Divina Comedia* de Dante Alighieri. Carente de proscenio, tampoco contaba con palcos.

Esta transformación en cuanto a la concepción del espacio teatral se justificaba alegando que la intención era otorgar el protagonismo a los personajes, haciendo especial uso de la iluminación. De hecho, la propia iluminación era la encargada de organizar las transiciones entre actos, los diferentes pasajes de la obra y los cambios entre escenas, lo cual suponía toda una revolución desde el punto de vista de la escenografía y la narrativa de la obra.

Architectural Record, 04/1924, p. 393 y ss. En este artículo, Bragdon resume de forma detallada los mecanismos de los escenarios y las mejoras técnicas que aportaban.

[35] Esta propuesta había llamado la atención de Sheldon Warren Cheney, quien se encargó de llevar el proyecto hasta la Exposición Internacional de Arte Teatral celebrada en Amsterdam en 1922. Asimismo, como director de la publicación *Theatre Arts Magazine*, le encargó un artículo al propio Norman Bel Geddes para que describiese su teatro (BEL GEDDES, Norman. *A project for a Theatrical Presentation of The Divine Comedy of Dante Alighieri.* New York: Theatre Arts, 1924, 13).

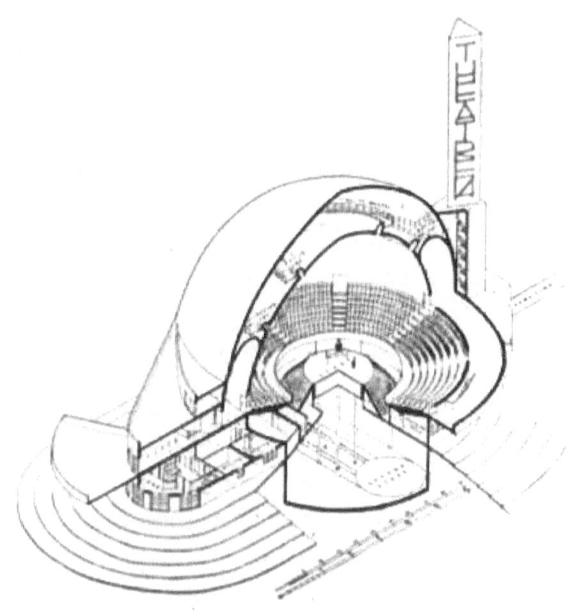

Sección del proyecto *Theater Number Fourtheen* diseñado por Norman Bel Geddes

La sala fue pensada para alojar 5.000 asientos, lo que la convertía en el proyecto de mayor tamaño diseñado por Bel Geddes. La disposición de las butacas y del escenario garantizaba que ningún obstáculo pudiese interferir en la contemplación de las actuaciones. Bajo el espacio destinado a la representación se encontraban los vestuarios, camerinos y salas de sonido. Y debajo del auditorio, además de oficinas y otras salas de carácter público, se proyectaba un hospital. Finalmente, el *Divine Comedy Theater* no vio la luz a consecuencia del crack de la bolsa de 1929.

Como característica común en todos los proyectos de Bel Geddes destaca la importancia que otorgaba a la iluminación artificial, demostrando su capacidad para hacer de ella un elemento indispensable, hasta el punto de que en 1919 su novedoso sistema de iluminación se había instalado en todos los teatros de Nueva York.[36]

Aunque se había formado como escenógrafo, animado por los proyectos de los edificios que albergarían los teatros y la posibilidad de poder diseñar sus espacios interiores, decidió continuar desarrollando sus inquietudes arquitectónicas. Prueba de ello es que en 1931 se adentró en el campo de la vivienda publicando para la revista *Ladies Home Journal* el artículo titulado *The House of Tomorrow*,[37] citado anteriormente. En él hacía una descripción del nuevo estilo de vida que el siglo XX había traído consigo, e incorporó un plano en el que se apreciaban características tales como la modulación de los espacios o la incorporación de nuevos elementos que pronto se convertirían en parte de la vida cotidiana, como los electrodomésticos, pero siempre buscando la simplicidad, alegando que el ser humano del siglo XX había visto alteradas sus necesidades.[38] Las novedades que su programa incorporaba incluían mover las habitaciones de la parte delantera a la parte posterior de la casa, con terrazas para poder disfrutar del sol. Además, proponía colocar grandes ventanales. Por otra parte, buscaba generar unidad entre el espacio interior y el exterior, proyectando jardines y cubiertas ajardinadas.

En 1934, llevó a cabo el desarrollo de un proyecto para la compañía *Socony-Vacuum*, que le encargó la elaboración de unos diseños para

[36] LARSON, Orville Kurth. *Scene design in the american theatre from 1915 to 1960*. Tokio: Dai Nippon Printing, 1989, p. 60.

[37] BEL GEDDES, Norman. "The House of Tomorrow". En *Ladies Home Journal*, 04/1931.

[38] El propio Bel Geddes dijo: "The keynote of all the good contemporary work is that it must perfectly suit its ultimate purpose. We have returned to simplicity because we have realized in this age that the overornamentation and elaboration of the past are not in keeping with us today. We are more forthright people than were our forefathers, we bother less with forms and conventions, and so it is surely fitting that we carry our ideas into our homes." ("La clave de todo buen trabajo contemporáneo reside en que debe adaptarse perfectamente a su propósito final. Hemos vuelto a la simplicidad y nos hemos dado cuenta en esta época que la ornamentación y elaboración del pasado no están de acuerdo con nosotros hoy. Somos personas más directas de lo que lo fueron nuestros antepasados, nos molestamos menos con las formas y convenciones, por lo que es sin duda apropiado que llevemos nuestras ideas a nuestros hogares".

sus estaciones de servicio. En paralelo a los trabajos con los que
Teague había comenzado ese mismo año para *Texaco*, Bel Geddes
proyectó estas gasolineras haciendo uso de prácticamente los mismos materiales que su colega, pues ambos entendieron que el uso
del metal y la porcelana transmitían sentimiento de modernidad.
Materiales éstos duraderos, impermeables y resistentes, además de
ser de fácil limpieza y mantener el brillo característico de un vehículo
recién comprado.

De entre todos los edificios que proyectó, sólo se construyó el pabellón de *General Motors* para la Feria de Nueva York de 1939, que acometió junto con Albert Kahn y que en muchos casos ha llevado a que
el resto de sus proyectos arquitectónicos hayan pasado desapercibi-
dos. Fue uno de los más destacados de *Futurama*. Aquella ciudad del
futuro fue su obra más conocida y contiene los argumentos del progreso y de una modernidad para una sociedad que demandaba un
cambio pensando en el futuro. La ciudad proyectada por Bel Geddes
es una respuesta a las inquietudes de una sociedad americana que
pretendía liderar el progreso a través de un modo de vida basado en
la movilidad y en la máquina y sus aplicaciones en el ámbito público
y en el doméstico. Supo sintetizar estas aspiraciones en una utópica
ciudad del futuro que contenía el germen de muchos diseños que
más tarde poblarían los hogares americanos.

En la década de los cincuenta, y tras ser contratado como consultor
por la cadena televisiva *NBC* desde 1951 hasta 1956, diseñó tres prototipos de estudios: un primer estudio piloto, un segundo estudio
denominado *Atlantis* y el tercero bajo el nombre *Horizontal Studio*.
Los estudios eran de grandes dimensiones, y los dos primeros se
construirían en Manhattan. El estudio piloto se aproximaría, en cuanto a dimensiones, al Madison Square Garden, mientras que el estudio *Atlantis* contaría con catorce teatros, los cuales serían los más
grandes de toda América.

Las propuestas de Bel Geddes pasaban por revolucionar el mundo
de la televisión, mejorando el proceso de trabajo y la configuración
espacial, alterando la estética de la producción televisiva e incorporando procesos de mecanización que aumentarían la velocidad de

las producciones a un menor coste, permitiendo desarrollar la mayor parte de los contenidos televisivos dentro de los espacios proyectados. Un cambio en la dirección de la compañía acabó en 1957 con estas iniciativas, tan sólo un año antes de que falleciese.

Una vertiente más contenida en la que se trató de aunar el diseño de formas elegantes y atractivas y la puesta en práctica de una aproximación científica al diseño, fue representada por Henry Dreyfuss y Walter Dorwin Teague. Sus obras estaban basadas en un método científico y racional capaz de garantizar un producto bello y técnicamente bien resuelto. De ese modo, podían legitimar, de cara a las empresas que contrataban sus servicios, la validez y efectividad de la profesión de diseñador industrial apelando al carácter racional y científico de la misma, a la vez que creando un producto atractivo y práctico para el consumidor.[39]

Teague, al mismo tiempo que defendía las ventajas de la estética *styling* de los productos y la aplicación del *streamline* a los mismos, entendió la necesidad de una aproximación científica del diseño. En su trabajo para el interior del *Boeing 707* llegó a realizar un modelo a escala real para ensayar de manera rigurosa la adecuación de los asientos y los aspectos ergonómicos del mobiliario mientras en el exterior aplicaba todos los recursos a su alcance para realzar el atractivo de las formas aerodinámicas de la nave.

Nació en la pequeña localidad de Decatur, Indiana, en 1883, aunque siendo un niño su familia se trasladó a Pendleton, en el mismo estado, donde residió hasta los 19 años. En 1899 entró a trabajar en el periódico local como reportero. En 1903 dejó Indiana para desplazarse hasta Nueva York, donde se formó en pintura en la *Art Students League of New York* durante cuatro años. Ya finalizada su etapa de formación académica, trabajó en primer término como representante comercial para algunas revistas, entre las que destacó su trabajo para *Time Magazine*.

---

[39] LIPPINCOTT, J. Gordon. "Industrial design as a profession". En *College Art Journal*, Vol. 4, No. 3, 1945, pp. 149-152, p. 149.

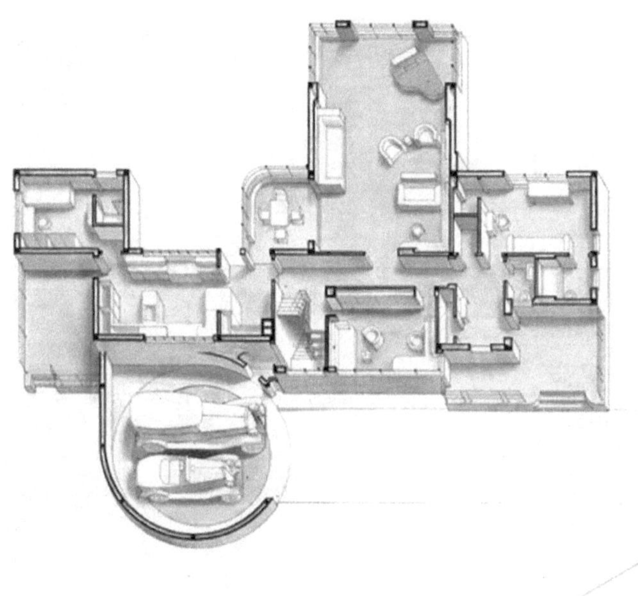

Planta isométrica de *The House of Tomorrow*
de Norman Bel Geddes

Ejerció más tarde como tipógrafo, convirtiéndose en una autoridad
dentro de este campo artístico en el que llevó a cabo diseños que
pasaron a ser conocidos universalmente como *Teague Borders*,[40]
estandarizados y utilizados por otros diseñadores. También desarrolló la actividad de ilustrador, lo que llevó al empresario Walter Whitehead a ofrecerle un contrato de trabajo para la agencia de publicidad
Ben Hampton. El propio Whitehead le ayudaría a abrirse camino en

[40] SOLOWAY, Rick, y LONDON, Ralph. "Camera designs of Walter Dorwin Teague". En
Journal of the photographic historical society of Canada. Vol. 32, 2007, p. 4.

Maqueta de *Futurama* (1), Norman Bel Geddes, 1939

Maqueta de *Futurama* (2), Norman Bel Geddes, 1939

sus inicios, y cuando éste dejó su puesto en la compañía para ocupar un cargo mejor en la destacada *Calkins & Holden* el año 1908, le propuso a Teague que se marchara con él, lo cual le colocaba en un buen lugar para observar la dinámica contemporánea y las necesidades del mercado estadounidense.

No fue hasta 1912 cuando definitivamente abrió su propio estudio, centrado en el desarrollo tipográfico, aunque también realizaba trabajos de interiorismo. Su estilo fue pronto ampliamente reconocido desde los primeros años de trabajo. En la década de los años veinte amplió su campo de actuación al diseño gráfico y el diseño de producto. Su curiosidad le llevó a viajar en 1926 al viejo continente y donde conoció nuevos diseños y materiales. Allí descubrió el trabajo de Le Corbusier, y a su regreso a Nueva York decidió centrar su trabajo en el diseño o re-estilismo de productos. Con esa convicción entró a formar parte de un grupo de diseñadores interesados en consolidar el diseño industrial como una profesión.

En el año 1927 dio comienzo su carrera en el campo del diseño industrial convirtiéndose en uno de los profesionales norteamericanos más prolíficos. Contaba con 43 años cuando estableció una nueva empresa centrada en el desarrollo y diseño de productos y de packaging, incluyendo en su tarjeta de contacto y en el nombre de su negocio las palabras "diseño industrial".

Comenzó su andadura de la mano de *Eastman Kodak*, que seguiría siendo su cliente durante los siguientes treinta años. En aquellos tiempos, dicha compañía estaba considerando la posibilidad de incorporar a su plantilla la figura de un artista con la finalidad de que reinterpretase estéticamente sus productos. El conservador del Metropolitan Museum of Art de Nueva York, Richard Bach, conocido de Teague, recomendó a éste al directivo de *Eastman Kodak* Adolph Stuber. Teague diseñó para Kodak cámaras muy conocidas entre las que se incluyen la *Vanity Kodak*[41] (1928), la *Deco Gift Camera* (1928), planteada originariamente como regalo de navidad; la *Baby Brownie*

[41] HALL, Dennis; HALL, Susan G. (eds.). *American Icons: An encyclopedia of the people, places and things that have shaped our culture*. Westport, CT: Greenwood, 2006, p. 378.

(1934), la *Bantam Special* (1936) y la *Brownie Hawkeye* (1950).[42] Destacó su diseño para la primera cámara tipo *Polaroid* para Edwin Land en 1948. La relación entre Teague y Kodak fue tan prolífica y beneficiosa para ambas partes que en 1934, la compañía de máquinas fotográficas creó una división centrada en la estética de sus productos para la que nombró a Teague su asesor.

Los trabajos para Kodak le hicieron muy popular entre el público, de manera que desde 1929 a 1931 el número de clientes se multiplicó. Desarrolló planes de estrategia para diferentes empresas que producían objetos dirigidos a todo tipo de público. Diseñó el año 1933 para la empresa automovilística *Marmon* su modelo *16*, siendo el primer coche concebido por un diseñador industrial.

Como consecuencia del trabajo multidisciplinar del estudio de Teague, comenzó a aplicarse el concepto de "identidad corporativa" que décadas atrás Peter Behrens había puesto en práctica con *AEG*, pues se llevaba a cabo una labor en la que se entrelazaban diferentes profesionales, expertos cada uno de ellos en un campo de trabajo distinto, que aportaban sus conocimientos para los objetivos técnicos y comerciales de la empresa. El concepto de "identidad corporativa" empresarial se extendió por todo el territorio norteamericano durante las décadas de los años treinta y cuarenta a través de diferentes ferias y exposiciones en las que se mostraban las colaboraciones que ya empezaban a darse entre diferentes compañías e industrias.

En 1944 Teague se convirtió en el primer presidente de la Sociedad de Diseñadores Industriales (SID) como consecuencia de sus logros y aportaciones para la formalización y consolidación de dicha organización, conformada en origen por Raymond Loewy, Henry Dreyfuss y otros quince destacados diseñadores de las costa este norteamericana. Hoy día, y desde que cambiara su nombre en 1965, la organización es conocida como IDSA.

---

[42] SOLOWAY, Rick, y LONDON, Ralph. "Some camera designs of Arthur Crapsey, Henry Dreyfuss and Raymond Loewy". En *Photographica Digest,* Vol. 13, n. 11, 2006, p. 8.

Después de la Segunda Guerra Mundial, Walter Dorwin Teague pasó a ser el *major consultant* de *Boeing*, y estableció su oficina *Teague's Aviation Studios* en Seattle, en el estado de Washington, donde se encargó durante 60 años del diseño de los interiores de sus aeroplanos como el *Boeing* modelo *377 Stratocruiser* o el modelo *747*, además del nuevo *Air Force Academy*. En 1959 la cartera de clientes de Teague era muy variada, realizando trabajos para compañías como la cervecera Schaefer, la compañía de mensajería UPS, la *General Foods Corporation, Steinway* o para la marina de los Estados Unidos. Su popularidad rivalizaba incluso con la de Raymond Loewy, siendo ambos los dos profesionales dedicados al diseño industrial mejor considerados por los medios de comunicación.

Al igual que hicieron otros diseñadores de la época como Loewy, plasmó sus ideas en un libro que sería publicado bajo el título *Design this day. The technique of order in the machine age*,[43] que tuvo una importante repercusión mediática y entre especialistas, siendo considerado el primer libro cuya temática principal era el diseño industrial. En el libro se explora la dependencia que ya entonces tenían los ciudadanos de las máquinas y de la industria y analizaba cuál era el papel del diseñador dentro de la sociedad. Publicó otros libros como *Land of plenty: A summary of possibilities,* en colaboración con John Storck y publicado en 1947, y *Flour for man's bread. A history of milling*, aparecido en 1952. También escribió artículos para numerosas publicaciones como las revistas *Forbes*, *New Yorker, Art and Decoration, Business Week* y textos para entidades museísticas como fue el caso de aportaciones a los fondos del MoMA.

En cuanto a la producción arquitectónica de Walter Dorwin Teague, ésta puede dividirse en las gasolineras para la compañía Texaco, los pabellones diseñados para Ford Motor Company y los edificios para la Feria de Nueva York de 1939.

A finales de los años 20, la empresa *Texaco*, conocida antes como *The Texas Company*, que era ya en el siglo XX uno de los gigantes de

---

[43] TEAGUE, Walter Dorwin. *Design this day: The technique of order in the machine age.* San Diego: Harcourt, Brace and Co., 1940.

Cámara fotográfica Bantham Special para Kodak
diseñada por Walter Dorwin Teague en 1936

la industria del combustible, compró otras dos compañías distribui-
doras de petróleo, en un afán por expandirse por todos los estados
del país y por introducir nuevos productos. A raíz de su establecimiento nacional a mediados de los años 30, la corporación inició una
nueva investigación de marketing cuyos objetivos fundamentales
consistían en modernizar el logotipo y establecer nuevas estaciones
de servicio con identidad corporativa.

Para esta misión recurrieron a Teague, quien proporcionó a la compañía el diseño de una serie de estaciones de servicio de diversa
magnitud dependiendo de los servicios prestados, manteniendo una
misma identidad: diseños limpios, esquinas curvas redondeadas y
detalles en color rojo y verde.[44] Se trataba de edificios *styling* reves-
tidos con porcelana esmaltada blanca, el mismo color del fondo del
logotipo que también rediseñó. Sus diseños se convirtieron rápidamente en un estándar envidiable para otras compañías y en toda una
referencia dentro del mundo del diseño y del marketing.

Los primeros encargos en el sector de la arquitectura por parte de
Texaco llegaron en el año 1934, y se prolongaron en el tiempo durante los siguientes años. Ante los problemas acaecidos tras la crisis
de 1929, el consumo de combustible había descendido considerable-
mente, de manera que tanto ésta como otras compañías petrolíferas
se vieron en la obligación de dar un giro en su estrategia comercial.
Texaco fue de las primeras en apostar por una renovación de sus
gasolineras, adaptando las formas al estilo *streamline* característico
de los automóviles. El cambio con respecto a las estaciones de servicio anteriores consistió, además de por la incorporación de nuevos
materiales como la porcelana y el metal, por la utilización de grandes
superficies acristaladas. Teague empleó las esquinas redondeadas
y las formas curvas para su construcción, entrando en consonancia
con toda la estética *styling*.

Otro gran avance fue el de la industrialización de las gasolineras.
El uso de materiales prefabricados y la facilidad en el montaje y su

[44] JONES, W. Dwayne. *A field guide to gas stations in Texas.* Austin: Texas Department
of Transportation, 2003, p. 46.

construcción permitieron que en menos de una década Texaco construyese en torno a 500 estaciones de servicio repartidas por toda la geografía norteamericana, convirtiéndose en un icono de la *war-era* norteamericana.

Tan sólo veinte años después, más de 20.000 de estas estaciones de servicio, de estilo americano y coronadas por una gran estrella roja, se repartían por todo el mundo. Su prolífico trabajo para Texaco fue, desde el punto de vista arquitectónico, su aportación más relevante. Sus diseños para las estaciones de servicio de esta corporación significaron un cambio de visión, una ruptura con lo existente, y consiguieron traspasar los objetivos publicitarios de la marca para acabar convirtiéndose en edificios-icono de una era, esparcidos por todo el territorio norteamericano siendo fácilmente reconocibles por los ciudadanos.

En 1934 llevó a cabo el primer proyecto de pabellón para la compañía Ford. Éste se ubicaba en Chicago y contaba con una torre de planta circular que comunicaba con otro cuerpo, de mayores dimensiones, que recordaba por su geometría a un circo romano. Se trataba de una sala de exposiciones de forma alargada con zonas ajardinadas en el centro. Los itinerarios en el pabellón no estaban predeterminados, por lo que se podía visitar la muestra con total libertad.

Un nuevo pabellón para esta compañía automovilística se construyó en la ciudad californiana de San Diego y presentó un diseño innovador, evolucionando la distribución del anterior, en el que, a través de una torre de planta circular, se accedía a un edificio también circular con un gran patio en su espacio central donde se encontraban los vehículos expuestos. La intención de Teague se percibe claramente cuando se analiza la planta y se aprecia el interés por generar un recorrido que obligase al visitante a recorrer todo el espacio expositivo. Tras revisar el pabellón de Chicago, decidió organizar los recorridos, en este caso, obligando al visitante a realizar un itinerario en el que se mostraban de manera ordenada los automóviles de la compañía. Buscando mejorar la experiencia de los visitantes, Teague proyectó una rampa en espiral en la que Ford patrocinó "experiencias de conducción" en un espacio bautizado como *Road of*

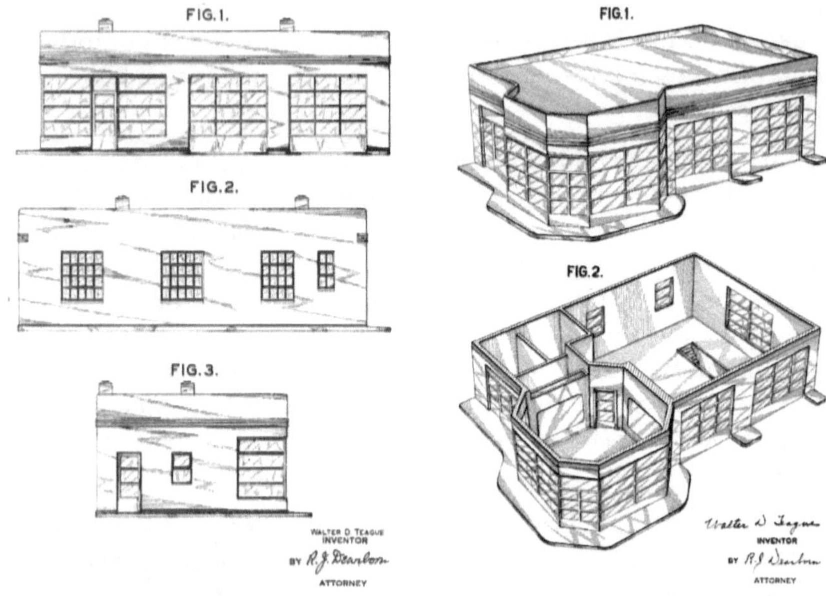

Diseños de gasolineras diseñadas
por W. D. Teague para Texaco

Tomorrow. Exteriormente, el pabellón fue dotado de una apariencia que guarda cierta relación con el estilo Art Déco, aunque con formas más depuradas.

Dos años después la misma compañía le encargó los diseños para otro edificio en Dallas con motivo de la *Centennial Exhibition*. De clara estética *Art Déco* en su envolvente, era un pabellón de colosales dimensiones, pero el presupuesto del que se disponía condicionó la forma. Ésta, en vez de ser curvilínea como en los anteriores pabellones, se diseñó de forma rectangular. Para esa misma muestra proyectó un edificio encargado por la compañía Texaco. Éste contaba con unos espacios interiores en los que predominaban las esquinas curvas y los recorridos estaban claramente definidos,[45] buscando la comodidad para los visitantes y una mayor flexibilidad para interactuar con lo expuesto.

En ese mismo año de 1937, su labor en el campo del diseño arquitectónico le llevó a que se publicara una entrevista suya en la revista *American Architect and Architecture*, donde se hablaba de los problemas de circulación de visitantes de las muestras internacionales y los planteamientos que Teague proponía para resolverlos.

Cuando se decidió celebrar la Feria Mundial de Nueva York, se eligió a Teague como uno de los diseñadores que participarían en la misma,[46] formando parte además de la junta de diseño de la exhibición. Sus diseños para los pabellones de las compañías *Ford* y *US Steel* fueron un éxito, si bien no fue la única exposición para la que proyectó pabellones expositivos con gran afluencia de visitantes.

En 1935, en la feria conmemorativa del Centenario de Texas, celebrada en Dallas, se encargó de dar forma a la sala de exposiciones de Texaco, y ese mismo año trabajó nuevamente para Ford, diseñando un nuevo pabellón con motivo de la Exposición Internacional de California convocada en San Diego. Tras la Feria Mundial de Nueva York, participó en otras dos muestras más: las de Richmond de 1961 y la de Seattle de 1964.

De entre los edificios diseñados con motivo de la Feria de Nueva York de 1939, cabe destacar el edificio para la compañía *DuPont*, el cual contaba con una estructura metálica en forma de torre y 32 metros de altura construida con el fin de simular burbujas generadas por productos químicos al ser iluminada por la noche. La estructura estaba unida a otra estructura metálica semicircular que actuaba a

---

[45] El propio Teague se enorgullecería de este proyecto afirmando que: "The Texaco Building at the Texas Centennial in Dallas is an excellent example of planning for dramatic display and controlled traffic flow". En TEAGUE, Walter Dorwin. "Exhibition Techniques". En *American Architect and Architecture*, 09/1937, p. 31.

[46] MARCHAND, Roland. "The designers go to the Fair: Walter Dorwin Teague and the professionalization of corporate industrial exhibits, 1933-1940". En *Design Issues*, Vol.8, n°1, 1991.

modo de escenario. El proyecto lo llevó a cabo conjuntamente con R. J. Harper y el ingeniero A. M. Erickson.

Otro de los edificios diseñados por Walter Dorwin Teague con motivo de la exposición fue el pabellón de la *US Steel*, en el que colaboró con el diseñador G. F. Harrell y los arquitectos York & Sawyer. Se trata de un edificio en forma de cúpula de acero inoxidable de color azul. Al caer la noche se iluminaba con luces también azules. El interior quedaba estructurado en torno a dos niveles a través de los que se generaba un recorrido donde el visitante podía conocer la historia de la compañía y el proceso de fabricación del acero.

En aquella exhibición internacional de 1939, el pabellón de Teague más relevante fue el diseñado para la compañía Eastman Kodak. En colaboración con el diseñador Stowe Myers y con el arquitecto Eugène Gerbereux, proyectaron un edificio que se estructuraba en torno a una estancia de planta semicircular y grandes dimensiones desde la que se accedía a otras dependencias que mantenían el mismo radio de curvatura en sus paredes. De cubierta plana y con grandes ventanales que permitían el paso de la luz al interior, contaba con una planta baja, donde, además del hall de entrada, se encontraba una primera sala de exposiciones, y un segundo nivel, en el que se ubicaba la sala de proyecciones, el restaurante, otra sala de exposiciones y oficinas.

La distribución guardaba cierta similitud con la del edificio diseñado para Ford en San Diego, donde su intención era la de generar una circulación perimetral para los visitantes. En el exterior se distinguían dos volúmenes: un primer volumen con el hall, y un segundo cuerpo donde se situaban el resto de dependencias a excepción de la sala de proyección. Una torre exenta de más de veinte metros de altura, de estructura metálica, estaba cubierta por grandes fotografías en blanco y negro de 2,5 × 3,3 metros.

En 1952 se ocupó de la renovación de la sede de la AIGA (American Institute of Graphic Arts), institución de la que también fue presidente, y del encargo para la construcción del Centennial Dome en Richmond, Virginia, un proyecto que llevó a término su equipo en 1961.

Teague falleció en diciembre del año 1960 en Flemington, Nueva Jersey, y desde entonces su compañía ha seguido en activo, ahora bajo el nombre de *Teague*, produciendo diseños para grandes firmas, siendo su labor reconocida recientemente con el prestigioso premio *Red Dot Design Award*. Su trayectoria ha sido igualmente premiada con numerosos galardones. Después de su muerte, su hijo Walter Dorwin Teague Junior continuó su andadura al mando de la oficina *Walter Dorwin Teague Associates*. El legado de Teague y su visión perdura hasta día de hoy en su compañía, rebautizada bajo el nombre de *Teague*, que trabaja con clientes como *Hewlett-Packard*, *Microsoft*, *Samsung* y *Boeing*, entre otros, y continúa manteniendo una filosofía de trabajo que trasciende la vida de su fundador. Sus diseños se caracterizaron por cierta contención y seriedad, desde los modelos de cámaras para *Kodak* hasta la imagen corporativa de las gasolineras *Texaco*, así como las estaciones de servicio que perdurarían sin cambios hasta bien entrados los años 80 y que se convertirían en un icono de la *post-war era* norteamericana y en un precedente de los nuevos tipos arquitectónicos.

Fue Henry Dreyfuss el diseñador que más se acercó a esa consideración científica y racional del diseño, materializada en lo que él mismo denominó "ingeniería humanizada",[47] la idea de que una máquina debía ser diseñada desde dentro hacia fuera y que, aunque su apariencia externa era importante de cara a su comercialización, también se debía prestar atención a su funcionamiento, satisfaciendo las necesidades del mismo.

Nació en Brooklyn, Nueva York, en 1904. El hecho de que su familia se dedicara a suministrar material para teatros influyó decisivamente en el inicio de su carrera. Su madre había nacido en Austria y su padre era hijo de un comerciante alemán. Falleció cuando Dreyfuss tenía tan sólo once años. Se trasladó a Nápoles y regresó a Estados Unidos con dieciocho años.

[47] DANTAS, Denise. "Diseño centrado en el sujeto: una visión holística del diseño rumbo a la responsabilidad social". En *Cuaderno 49: Cuadernos del Centro de Estudios en Diseño y Comunicación [Ensayos]*. Año 15, Número 49. Palermo: Universidad de Palermo, 2004, p. 53.

Imágenes de la maqueta del pabellón de Eastman
Kodak diseñado por Walter Dorwin Teague, 1939

En 1924 comenzó como aprendiz de Norman Bel Geddes, tan sólo once años mayor que él, con quien colaboró en numerosas escenografías para teatro, participando en la del espectáculo de Broadway *The Miracle*, diseñado por su mentor, hasta que en 1929 abrió su propia oficina para dedicarse al diseño escenográfico e industrial. Trabajó como asesor para la cadena de tiendas *Macy's*, y como diseñador industrial para las compañías *Bell Telephone*, *At&T*, *American Airlines*, *Polaroid*, *Hoover* o *John Deere*, compañía esta última para la que realizó el diseño de tractores y maquinaria agrícola.

Su primer diseño importante fue fruto de un concurso en 1929 y trajo consigo el lanzamiento del popular teléfono *300* para *Bell Telephone*, dando origen a una serie producida y comercializada durante los siguientes 50 años con gran acogida popular. Un año después, en 1930, diseñó el *Western Electric 302*, que se convertiría en el primer teléfono estadounidense, aunque no sería comercializado hasta 1937. Desde el punto de vista técnico, incluía el timbre y los circuitos de la red en la misma envolvente del aparato.

Más tarde trabajó con el mismo teléfono, aunque en una nueva serie, el modelo *500*. El aparato se introdujo en el mercado en el año 1949 y sustituyó el popular modelo *302*, aportando sustanciosas mejoras estéticas y funcionales. Los números, en el interior del círculo en el modelo *302*, se ubicaban fuera del mismo en el *500*, de tal forma que se solventaba el problema de que se borrasen con el paso del tiempo y, simultáneamente, que disminuyese la cantidad de llamadas erróneas como consecuencia de un mal marcado.

En 1936 presentó su diseño para la locomotora *Mercury* y poco después, con gran expectación, *New York Central Railroad* introdujo diez nuevos ferrocarriles a vapor de formas *streamline* y decoración *Art Déco*, con predominio de los colores azul y gris, diseñados por Dreyfuss con motivo del vigésimo aniversario del recorrido ferroviario Nueva York-Chicago, convirtiéndose en el tren de pasajeros más popular de Norteamérica.[48] La versión mejorada del *Mercury*, la

---

[48] JACKSON, Kenneth T. *The Encyclopedia of New York City*. New York: The New York Historical Society - Yale University Press, 1995, p. 1207.

Teléfono Western Electric 500 para Bell diseñado
por Henry Dreyfuss en 1949

locomotora *Hudson J34-46-4*, presentaba un frontal inspirado en los
cascos de los antiguos gladiadores. En ese mismo año llevó a cabo
el encargo realizado por Hoover para diseñar un nuevo prototipo de
aspiradora, el modelo *150*, que supuso la primera aspiradora con el
mecanismo completamente oculto mediante una tapa de baquelita.

En 1938 ejecutó los diseños de maquinaria agrícola para la compañía *John Deere*, produciendo los modelos de tractores conocidos
como *A* y *B*. Un año después recibió el encargo por parte de la compañía *Westclox* de diseñar un despertador que saldría al mercado
con el nombre de *Big Ben*, modelo que, si bien tuvo una vida corta, se

convertiría en un clásico entre los relojes. Entre las novedades incorporadas por Dreyfuss se encontraba el primer movimiento de alarma del carillón, empleado por *Westclox* hasta 1956, y un sonido suave por parte de las saetas.

Tras el estallido de la Segunda Guerra Mundial, Dreyfuss, junto a Loewy y Teague, participó en el diseño de refugios estratégicos para los altos cargos gubernamentales, encargándose de la proyección de cuatro globos rotatorios para dirigentes como Roosevelt, Stalin y Churchill, y otros miembros del gobierno.

En el año 1940, la compañía de productos estilográficos *Wahl-Eversharp* le encargó el diseño de una pluma estilográfica, la primera de una popular serie que todavía en la actualidad sigue cosechando buenos resultados comerciales. Fue llamada *Skyline*, debido a su forma cónica en el extremo, que evocaba los rascacielos que en aquel tiempo se estaban construyendo en Nueva York.[49]

A finales de la década de los años cuarenta recibió el encargo de la *Royal Typewriter Company* para diseñar una máquina de escribir. La mayor diferencia respecto a los modelos anteriores comercializados por esta compañía es que era portátil, reduciendo su tamaño y su peso. Fue llamada *Royal Quiet Deluxe*, y popularizada por el escritor Ernest Hemingway, y su primer modelo salió al mercado en 1939. Siete años más tarde, en 1946, la compañía contrató los servicios de Henry Dreyfuss para que modificara su envolvente. Dos años después, en 1950, volvió a ser rediseñada de nuevo, en aquella ocasión con las esquinas redondeadas y comercializada en seis colores diferentes, además del tradicional color gris. La década de los 40 fue un tiempo en el que la trayectoria profesional de Dreyfuss alcanzó su máximo reconocimiento, y prueba de ello es que en 1951 apareció en portada de la prestigiosa revista *Forbes*.

Su colaboración con la empresa *Lockheed* le permitió transformar aviones militares en aviones de uso civil, y a raíz de ello acometió

---

[49] GOLDMAN RUBIN, Susan. *Toilets, toasters, and telephones: The how and why of everyday objects*. San Diego, CA: Browndeer Press, 1998, p. 95.

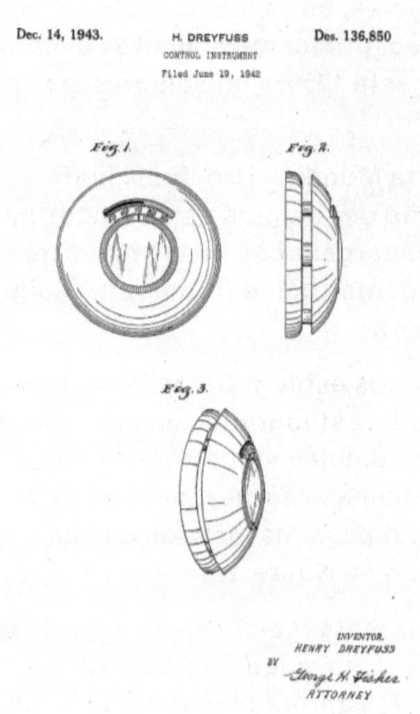

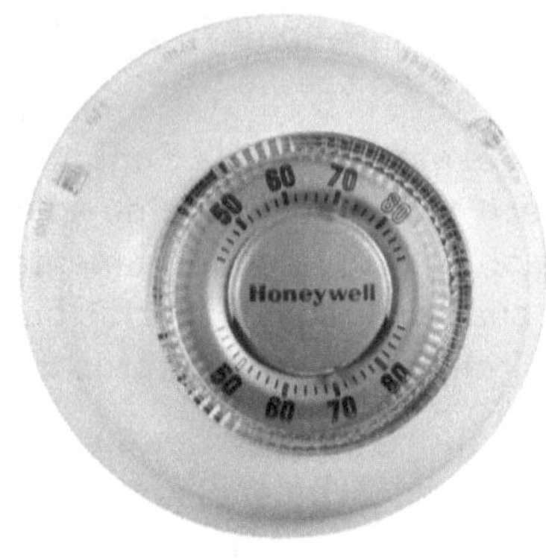

Patente e imagen del termostato diseñado por Henry Dreyfuss para Honeywell International Inc.

el diseño de los interiores de aviones como el *Boeing 707* o el *Super Constellation* para el que subdividió el fuselaje en pequeñas áreas que favorecían el confort de los pasajeros. Para la industria del motor, recibió encargos de la *American Export Lines* en los años 1951 y 1952, dando forma a dos de sus barcos de vapor, el *S.S. Independence* y el *S.S. Constitution*.

En 1953 Dreyfuss volvería al diseño de pequeña escala para trabajar con la multinacional estadounidense *Honeywell International Inc.*, para la que diseñaría el termostato circular de pared *T87,* diseño de un manejo sencillo e intuitivo, libre de botones desordenados e innecesarios. La forma del termostato es una muestra más del interés de Dreyfuss por los diseños circulares y los objetos de uso doméstico, aún a pesar de su estrecha relación con la industria aeronáutica.

En 1954 retomaría su actividad con la empresa de electrodomésticos *Hoover*, volviendo a reinterpretar sus aspiradoras. La primera de ellas fue el modelo *82*, un aspirador esférico que parecía flotar sobre una especie de colchón de aire, especialmente ideado para suelos de madera duros. Tres años después, en 1957, diseñó el modelo 65, el cual incorporaba un conmutador que cambiaba de forma automática la velocidad del motor. Su eficiencia propició que se convirtiera en el modelo de aspiradora más vendido en todo el mundo.

En el año 1959 *Bell System* le eligió, visto los magníficos resultados obtenidos con los modelos de teléfonos, para que se encargara del diseño de un nuevo aparato. Dreyfuss propuso una solución más ligera y compacta, pensada para facilitar el uso del teléfono en el dormitorio, al que se le incorporaba, como principal novedad, una esfera de luz para su uso durante la noche. Fue bautizado bajo el nombre de *Princess Telephone*, y lanzado al mercado con una campaña de publicidad acompañada por el eslogan propuesto por Robert Karl Lethin: *It's Little... It's Lovely... It's Lights*.

Dreyfuss fue uno de los fundadores de la American Society of Industrial Design (SID) y presidente en 1965 de aquella entonces recién fundada y heredera de la Industrial Designers Society of America (IDSA). En ese mismo año, nuevamente para *Bell Telephone*, diseñó uno de sus modelos más conocidos junto con Donald Genaro, diseñador perteneciente a su estudio. Este nuevo teléfono fue comercializado como *Trimline Telephone* y años más tarde sería popularmente conocido como el modelo *góndola*, en referencia a su forma.

También se adentró en el campo del diseño arquitectónico. Además de *Democracity* y del edificio de la *American Telephone and Telegraph Company* para la Feria de Nueva York de 1939, uno de sus proyectos más ambiciosos fue el del *Four-Square Theater*. Alegando que el arte del cine utilizaba escenarios tradicionales e incómodos en los que el espectador sentado en la última fila no gozaba de una buena calidad de sonido y el de la primera fila veía la pantalla demasiado grande, planteó una reinterpretación de dichos espacios aprovechando las nuevas posibilidades que brindaban los procesos de proyección cinematográfica.

Ante las desproporcionadas dimensiones de las salas de cine, y teniendo en cuenta que el aforo de éstas tenía que cumplir con un número mínimo de asientos para que las proyecciones fuesen rentables, ideó el *Four-Square Theater*, un recinto que contaba con cuatro pantallas en el espacio central a las que se orientaban los correspondientes graderíos. Además, se proponía un innovador sistema de proyección situado sobre las pantallas en el que la imagen llegaba hasta ellas mediante la colocación de un sistema de espejos. Según sus cálculos, Dreyfuss demostraba que a idéntica superficie que en un cine convencional, en la sala proyectada por él cabían más asientos, además de generar una mayor intimidad para los espectadores.

En cuanto a las circulaciones para acceder hasta las butacas, planteó un recorrido sencillo y directo. A través de una sala de recepción desde la que adquirir las entradas, el espectador llegaba al espacio principal donde un corredor perimetral y circular comunicaba con cuatro tramos de escaleras, los cuales accedían hasta cada uno de los graderíos en los que se encontraban las butacas. Al proyectarse sobre una superficie cuadrada, los espacios residuales que se generaban quedaban destinados a dependencias auxiliares.

Estructuralmente, al tratarse de un espacio dedicado a la proyección de imágenes, no existían columnas que interrumpiesen la visibilidad de los espectadores desde cualquier punto de la sala, de tal forma que las columnas sobre las que apoyaba la cubierta quedaban situadas entre las pantallas. En la propuesta de Dreyfuss la primera hilera de asientos aparecía separada de la pantalla a un tercio más de distancia que en las salas de cine habituales.

En 1963 su estudio participó en la construcción de un gran edificio, el *Bankers Trust Building*, situado en la 280 Park Avenue. El proyecto se llevó a cabo conjuntamente con la compañía propiedad del arquitecto Emery Roth (Emery Roth & Sons), la cual a su vez contó con Oppenheimer, Brady & Lehrecke como arquitectos asociados.

Pero el proyecto más relevante de toda su carrera profesional fue ejecutado en 1939. Se trata del diseño de la popular *Democracity*, la maqueta de la ciudad del futuro expuesta en la Feria Mundial de Nueva York de 1939.

La urbe era una comunidad planeada de forma meticulosa a orillas de un río, con un epicentro constituido por una torre central de la que emanaban toda una serie de calles en forma semicircular. De esta manera, quedaba abierta y limpia, sin ruidos, congestión o contaminación, con una industria repartida entre las comunidades periféricas junto con sus trabajadores buscando reducir los trayectos. Realmente, ésta era, por encima de cualquier otra idea, la novedad más fascinante para el visitante, pues imaginar una ciudad completamente limpia y con tantos espacios abiertos, era algo insólito.

Democracity se encontraba en el interior del *Perisphere*, una esfera de 60 metros de diámetro que, junto con el *Trylon*, un esbelto obelisco en forma de aguja, conformaban un conjunto de dos estructuras futuristas que se convirtieron en el centro temático de la Feria Mundial de 1939, ambas comunicadas a través de una pasarela, de tal forma que, para acceder a la ciudad del mañana de Henry Dreyfuss, el visitante debía atravesar el *Trylon* para llegar, mediante la pasarela, al *Perisphere*. La salida de éste conectaba con la cota 0 a través de una rampa que rodeaba la esfera y que fue llamada *Helicline*. Tras éstos, se abría la *Patriots Avenue*,[50] erigida como avenida principal de la exhibición. Este conjunto de edificios o monumentos futuristas fue utilizado como imagen de la Feria,[51] extrapolándose al logotipo y difundiéndose a través de postales y sellos entre otros tipos de *merchandising*.

Cuando se retiró, comenzó a dedicarse a la redacción de artículos y tratados relacionados directamente con la estética y el diseño. Entre sus trabajos se encuentran dos importantes libros sobre antropo-

[50] WOOD, Andrew F. *New York's 1939-1940 World's Fair. Postcard History Series*. San Francisco, CA: Arcadia Publishing, 1994, p. 12-20.

[51] GOLD, John Robert; GOLD, Margaret M. *Cities of culture: Staging International Festivals and the Urban Agenda, 1851-2000*. Burlington, VT: Ashgate Publishing Company, 2005, p. 98.

metría. El primero de ellos, *Designing for People*, se publicó en el año 1955, y el segundo, *The Measure of a Man*[52] lo hizo cinco años después, en 1960. Dreyfuss, influido por la mecanización, se centró en los problemas de diseño relativos a la figura humana, trabajando en los problemas "desde dentro" y con la convicción de que las máquinas adaptadas convenientemente a las personas serían mucho más eficientes y mejorarían la calidad de vida humana.

Estas ideas derivaban de una corriente ideológica llamada "factores humanos" que había comenzado a adquirir cierta importancia durante la Segunda Guerra Mundial y que dio como resultado nuevos avances en el diseño de equipamiento militar. Los estudios de esta corriente fueron el punto de partida para el diseño de los estándares antropométricos de la posguerra que llevó a cabo Dreyfuss. Su guía *The Measure of a Man: Human factors in design* recoge toda esta información de partida y la desarrolla a través de un modelo para cada sexo, haciendo hincapié en los aspectos ergonómicos de los productos, un concepto que había sido acuñado en los años 50 para describir la nueva profesión centrada en el estudio de la interacción del ser humano y su equipamiento. Tanto en este libro como en el de *Designing for people*, estableció una serie de dimensiones humanas y fórmulas con el objetivo de incorporarlas al diseño y reivindicar la condición del mismo como instrumento al servicio de la sociedad, condición que la corriente funcionalista había hecho su bandera.

En octubre de 1972, y después de llevar a cabo su último trabajo, un diseño de cámara fotográfica para *Polaroid*, la *SX-70*, Dreyfuss y su mujer Doris, enferma terminal, fueron encontrados sin vida en su coche, en California. Su compañía de diseño *Henry Dreyfuss Associates* continúa hoy con su actividad.

Sus diseños destacan por contar con una claridad estructural asombrosa y su propia incursión y posterior desarrollo en el campo de la antropometría y ergonomía indica el interés de este diseñador por

[52] FAIRBANKS, Jonathan L. "America's measure of mankind: proportions and harmonics", en *Smithsonian Studies in American Art*, Vol. 2, n. 1, 1988, p. 86.

Imagen del interior del Perisphere, con
vistas hacia la maqueta de Democracity

hacer funcionales y útiles los objetos, sin olvidar nunca que todo el
diseño de producto debía tender a la simplicidad y ser lo suficientemente atractivo como para hacerse un hueco en el mercado altamente competitivo de la Norteamérica de la posguerra.

Se apoyaron en la filosofía de vida americana (el conocido *American
Way of Life*) para crear objetos asociados a la misma y hacer que
éstos fuesen identificados por el conjunto de la población, transformando los productos industriales en el folklore de la era de las

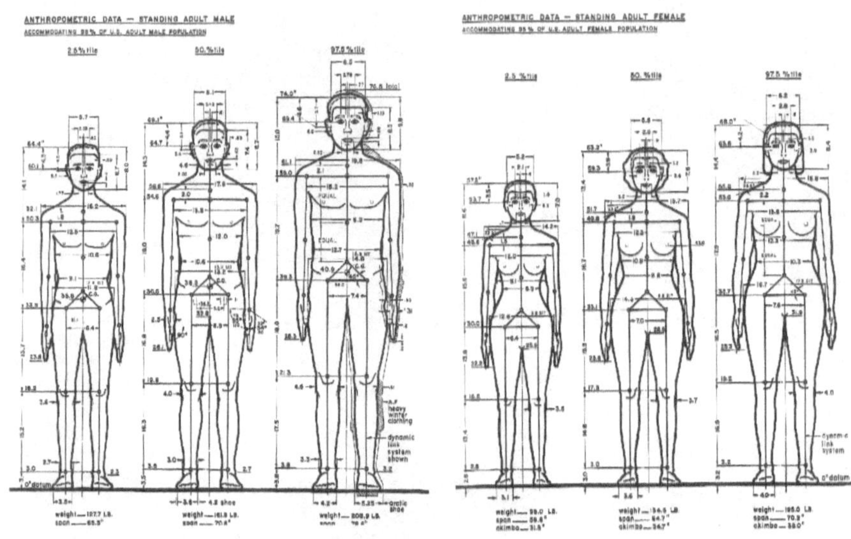

Dibujos extraídos del libro *The Measure of a Man* de Henry Dreyfuss

comunicaciones, valiéndose de las necesidades de crecimiento de las empresas automovilísticas, las compañías tabacaleras o las firmas químicas.[53]

Si bien es cierto que la labor que desarrollaron estos pioneros del diseño trajo, como consecuencia, un consumo desequilibrado y estableció los inicios de la obsolescencia programada en aparatos y vehículos, por otra parte reportó pingües beneficios para la socie-

[53] NORTON, Nancy P. *The business history review.* Vol. 58, No. 2 (Summer 1984), p. 291.

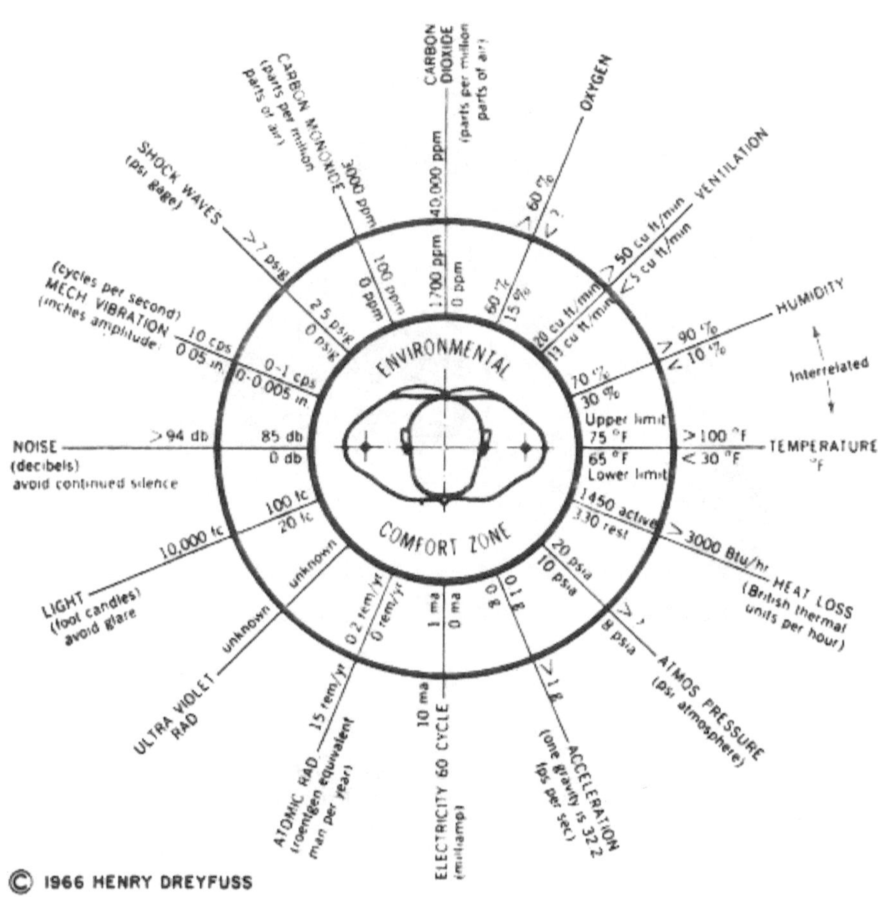

© 1966 HENRY DREYFUSS

Dibujos extraídos del libro *The Measure of a Man* de Henry Dreyfuss

Cámara fotográfica Polaroid SX-70 diseñada
por Henry Dreyfuss en 1972

dad en general, como pueden ser la democratización del diseño y el consecuente enriquecimiento sociocultural, facilidades en las tareas del hogar o las mejoras en lo que a higiene se refiere derivadas de las formas *streamline*.

El éxito y desarrollo del diseño de producto y de la figura del diseñador industrial está asociado a un proceso complejo que va más allá del trabajo del propio creativo, y que implicaba una relación entre diferentes disciplinas y agentes, desde la empresa o compañía que encargaba el producto, pasando por la industria y la técnica en la que se elaboraban los prototipos, se corregía y se ensayaban los modelos concebidos por los diseñadores, hasta las campañas publicitarias encargadas de elaborar la imagen final del producto. También se diseñaba de qué manera y a qué estamento de la sociedad se dirigía el mismo, y se cuidaba tanto la canalización como la divulgación a través de los diferentes medios de comunicación. Empresarios, diseñadores, técnicos especialistas, procesos industriales, publicistas y medios constituían una estructura compleja que debía garantizar el éxito del diseño de producto. En algunos casos el diseñador participaba en todas y cada una de estas fases, dotando de un sello personal al producto final, como es el caso de Loewy. Este aspecto es uno de los que diferencia el diseño americano del europeo.

Las carreras de cada uno de estos profesionales son útiles para valorar la versatilidad y la capacidad de reinvención ante un contexto socioeconómico complicado. Desempeñaron un notorio papel en la sociedad participando en la formación de una nueva profesión que convirtieron en una herramienta necesaria para el mercado, y simultáneamente contribuyeron a la propagación del diseño, a partir de entonces accesible para casi todos los sectores de la población, mejorando, además, su calidad de vida.[54]

[54] Como recoge la IDSA en su página web, en una reunión de Industrias Asociadas del estado de Nueva York celebrada en 1944, Harold Van Doren afirmó: "The modern industrial designer is concerned with 3-dimensional products, equipment and machines made only by production methods, as distinguished from traditional handcraft methods. His aim is to enhance the desirability of these products by: 1. Increasing convenience and improving adaptability of form to function; 2. Attracting buyers by applying a shrewd knowledge of consumer psychology, 3. Employing to the fullest the esthetic appeal of form, color and texture."

BIBLIOGRAFÍA

ÁBALOS, Iñaki; HERREROS, Juan. *Técnica y Arquitectura en la ciudad contemporánea, 1950-2000*. Hondarribia: Nerea, 1992.

ADAMS, Douglas. "Norman Bel Geddes and streamlined spaces". En TAE, Vol. 30, n. 1, *Teaching and Landscape*, 1976, pp. 22-24

ADAMS, Stephen B.; BUTLER, Orville R. *Manufacturing the future: A history of Western Electric*. Cambridge: Cambridge University Press, 1999.

ALFARO HOFMANN, Andrés (ed.). *La mecanització de la casa: Una historia de l'electrodomèstic*. Valencia: Generalitat Valenciana, 1995.

ARACIL, Alfredo; RODRÍGUEZ, Delfín. *El siglo XX: Entre la muerte del Arte y el Arte Moderno*. Madrid: Istmo, 1998.

ARAUJO, Ramón. "Cadenas de montaje". En *Arquitectura Viva - Industry Builds*, n° 156, 10/13, pp. 7-17.

ARCENEAUX, Marc. *Streamline: art and design of the forties*. Ann Arbor: Troubador Press, 1975.

ASIMOV, Isaac. *Historia y cronología del mundo*. Madrid: Ariel, 2006.

BAILEY, Paul M. "Norman Bel Geddes' Hamlet". En *The Drama Review: TDR*, Vol. 25, n. 3, 1981, pp. 39-54

BALL, Robert W. D. *Texaco collectibles*. Atglen, PA: Schiffer Pub., 1994.

BARONI, Daniele; D'AURIA, Antonio. *Josef Hoffmann e la Wiener Werkstätte*. Milano: Electa, 1981.

BAUDOT, François. *Vienna 1900: the Viennese secession*. New York, NY: Assouline, 2006.

BAUDRILLARD, Jean. *Le système des objets*. París: Gallimard, 1968.

BAYLEY, Stephen. *The Lucky Strike packet by Raymond Loewy. Design Classics*. Basel: Verlag Form, 2002.

BEL GEDDES, Norman. *Horizons in industrial design*. Boston: Little, Brown, and Co., 1932.

BEL GEDDES, Norman. *Magic motorways*. New York: Random House Books, 1940.

BEL GEDDES, Norman. *Miracle in the evening*. New York: Doubleday, 1960.

BENDER, Thomas. *Historia de los Estados Unidos. Una nación entre naciones*. Buenos Aires: Siglo Veintiuno, 2011.

BENJAMIN, Walter. *La obra de arte en la época de su reproductibilidad técnica*. México D.F.: Ítaca, 2003.

BEYERLE, Tulga. HIRSCHBERGER, Karin. *A Century of Austrian Design: 1900-2005*. Basel: Birkhäuser, 2006.

BICKLEY, Charle Eric. *Norman Bel Geddes: Artist-crafstman of the theatre*. Madison: University of Wisconsin, 1951.

BIERMAN Jr., Harold. *The causes of the 1929 stock market crash: A speculative orgy or a new Era?* Westport, CT: Greenwood Press, 1998.

BLIVEN, Bruce. *Norman Bel Geddes: His art and ideas*. New York: Theatre Arts Incorporated, 1919.

BOGUSCH, George E. "Norman Bel Geddes and the art of modern theatre lighting". En *Educational Theatre Journal*, Vol. 24, n. 24, 1972, pp. 415-429.

BOSCH, Aurora. *Historia de los Estados Unidos (1776-1945)*. Barcelona: Crítica, 2005.

BORCHARDT-HUME, Achim. *Albers and Moholy-Nagy: from the Bauhaus to the New World*. New Haven: Yale University Press, 2006.

BRUCKNER, D. J. R. *Henry Dreyfuss, industrial designer: The man in the brown suit*. New York: Times Books, 1997.

CANNA, Romina. "Entre el método y la teoría: el debate disciplinar por la definición de las autopistas urbanas en Estados Unidos". En *Identidades: Territorio, Proyecto, Patrimonio*, n. 4, 06/2013, pp. 191-220.

CERVERA FANTONI, Ángel Luis. *Envase y embalaje: la venta silenciosa*. Madrid: ESIC, 2003.

CHENEY, Sheldon; CANDLER CHENEY, Martha. *Art and the machine: an account of Industrial Design in 20th century in America*. New York: Whittlesey House: 1936.

CLARK, Paul. "Henry Dreyfuss, industrial designer: The man in the brown suit by Russell Flinchum". En *Journal of Design History. Craft, Modernism and Modernity*, Vol. 1, n. 1, 1998, pp. 105-106.

COGDELL, Christina. "The Futurama Recontextualized: Norman Bel Geddes's Eugenic 'World of Tomorrow'". En *American Quarterly,* Vol. 52, n. 2, 2000, pp. 193-245.

COLLINS, Douglas. *The story of Kodak.* New York: H. N. Abrams, 1990.

COLOMINA, Beatriz. *Privacidad y publicidad. La arquitectura moderna como medio de comunicación de masas.* Murcia: CENDEAC, 2010.

COOMBS, Robert. "Norman Bel Geddes: 'Highways and Horizons'". En *Perspecta*, Vol. 13, 1971, pp. 11-27.

CORDIN, Laura. *Raymond Loewy.* Paris: Flammarion, 2003.

COSTA, Joan; MOLES, Abraham. *Publicidad y diseño: El nuevo reto de la comunicación.* Buenos Aires: Ediciones Infinito, 2005.

COTTER, Bill. *The 1939-1940 New York World's Fair. Creation and Legacy.* San Francisco: Arcadia, 2009.

CRAM, Ralph Adams. "The craftsman and the architect". En *Art and Progress,* Vol. 4, No. 12, Special Number: Industrial and Decorative Art (Oct., 1913), pp. 1119-1131.

DANE, William J. "John Cotton Dana: His Art Interests & Influence". En *Art Documentation: Journal of the Art Libraries Society of North America, The University of Chicago Press.* Vol. 16, No. 2 (Fall 1997), pp. 3-5.

DANTAS, Denise. "Diseño centrado en el sujeto: una visión holística del diseño rumbo a la responsabilidad social". En *Cuaderno 49: Cuadernos del Centro de Estudios en Diseño y Comunicación [Ensayos].* Año 15, Número 49. Buenos Aires: Universidad de Palermo, 2004, pp. 51-61.

DARMSTADTER, Joel (coord.). *Energy in the World Economy: A Statistical Review of Trends in Output, Trade and Consumption Since 1925.* Washington: RFF Press, 1972.

DARWIN, Robin. "The training of the industrial designer". En *Journal of the Royal Society of Arts*, Vol. 97, No. 4794, 1949, pp. 421-436.

DAVID ROBERTS, Jennifer. *Norman Bel Geddes: An Exhibition of Theatrical and Industrial Designs.* Austin: The University of Texas, 1979.

DE LAPUERTA, José María. "Prefabricación y vivienda: alternativas ligeras". En *AV Monografías – Jean Prouvé 1901-1984*, n°149, 2011, pp. 78-87.

DIETZ, John; HACKETT, Jeff. **Classic John Deere two-cylinder tractors: history, models, variations and specifications 1918-1960**. Minneapolis: Voyageur Press, 2008.

DOORDAN, Dennis P. "Design at CBS", en **Design Issues**, Vol. 6, n. 2, 1990, pp. 4-17.

DOORDAN, Dennis P. (ed.) *Design history: an antologhy*. Cambridge: Massachussets Institute of Technology, 2000.

DOORDAN, Dennis P. "The Advertising Architecture of Fortunato Depero". En *The Journal of Decorative and Propaganda Arts*. Vol. 12. Florida International University Board of Trustees on behalf of The Wolfsonian-FIU, 1989, pp. 46-55.

DORFLES, Gillo. *El diseño industrial y su estética*. Barcelona: Labor, 1968.

DREYFUSS, Henry. *10 years of industrial design: Henry Dreyfuss, 1929-1939*. New York: Pinson Printers, 1939.

DREYFUSS, Henry. "Four-Square Theater". En *Hollywood Quarterly*, Vol. 2, n. 4, 1947, pp. 367-370.

DREYFUSS, Henry. *Designing for people*. New York: Grossman Publishers, 1974.

EISLER, Max. *Österreichische Werkkultur*. Wien: A. Schroll, 1916.

ESSIN, Christin. *Stage designers in early twentieth-century America; Artists, activits, cultural critics*. New York: Palgrave Macmillan, 2012.

FAIRBANKS, Jonathan L. "America's measure of mankind: proportions and harmonics". En *Smithsonian Studies in American Art*, Vol. 2, n. 1, 1988, pp. 73-87.

FEINBERG, Alan R. *The Kodak collector*. Winnetka, Ill.: Alan R. Feinberg, 1972.

FIELL, Charlotte; FIELL, Peter. *El diseño industrial de la A a la Z*. Colonia: Taschen, 2006.

FIELL, Charlotte; FIELL, Peter. *Design of the 20th century*. Colonia: Taschen, 2001.

FULBROOK, Mary. *Historia de Alemania*. Madrid: Akal, 2009.

GÁMEZ, Carles; YUWANG, Xiqi. *El interiorista y el extraño caso del señor Ikea. Conversaciones entre interioristas, diseñadores y algún arquitecto.* Valencia: COICV y EASD, 2010.

GANTZ, Carroll. *Founders of American Industrial Design.* Jefferson, NC: McFarland and Company Inc., 2014.

GARTMAN, David. "Harley Earl and the Art and Color Section: The Birth of Styling at General Motors". En *Design Issues*, Vol. 10, No. 2 (Summer, 1994), pp. 3-26.

GAUTRAND, Jean-Claude. *Publicités Kodak: 1910-1939.* Paris: Contrejour, 1983.

GOLD, John Robert; GOLD, Margaret M. *Cities of culture: Staging International Festivals and the Urban Agenda, 1851-2000.* Burlington, VT: Ashgate Publishing Company, 2005.

GOLDMAN RUBIN, Susan. *Toilets, toasters, and telephones: The how and why of everyday objects.* San Diego, CA: Browndeer Press, 1998.

GRAF, Franz. "La chapa plegada: un paradigma constructivo". *AV Monografías - Jean Prouvé 1901-1984*, n°149 - 2011, pp. 60-69.

GRAVAGNUOLO, Benedetto. *Adolf Loos: Teoría y Obras.* San Sebastián: Nerea, 1988.

GRIFFIN, Roger. "The multiplication of man: Futurism's technolatry viewed through the lens of modernism". En BERGHAUS, Günter. *Futurism and the Technological Imagination.* Amsterdam: Rodopi, 2009, pp. 77-100.

HAIG, Matt. *Brand success: How the World's Top 100 brands thrive and survive.* 2ª ed. London: Kogan-Page, 2011.

HALL, Dennis; HALL, Susan G. (eds.). *American Icons: An encyclopedia of the people, places and things that have shaped our culture.* Westport, CT: Greenwood, 2006.

HARTLAUB, G. F. "Art as Advertising (1928)". En *Design Issues*, Vol. 9. No. 2. The MIT Press, 1993, pp. 72-76.

HOBSBAWM, Eric. *Historia del siglo XX*, 3ª Reimp. Buenos Aires: Crítica, 1999.

HORMUNG, Clarence P. *The advertising designs of Walter Dorwin Teague.* New York: Art Direction Book, 1991.

HORNBECK, Elizabeth. "Architecture and Advertising". En *Journal of Architectural Education (1984-).* Vol. 53, No. 1 09/99. Taylor & Francis, Ltd., 1999, pp. 52-57.

HOUZE, Rebecca. "From Wiener Kunst im Hause to the Wiener Werkstätte: Marketing Domesticity with Fashionable Interior Design". En *Design Issues*, Vol. 18, No. 1. The MIT Press, 2002, pp. 3-23.

HUNTER, Frederick J. "Norman Bel Geddes' Conception of Dante's 'Divine Comedy'". En *Educational Theatre Journal*, Vol. 18, n. 3, Special American Theatre Issue, 1966, pp. 238-246.

HYDE, Charles K. "'Streamlining America' an Exhibit at the Henry Ford Museum, Dearborn, Michigan". En *Technology and Culture,* Vol. 29, n°1, 01/1988, pp. 125-129.

INNES, Christopher. *Designing modern America: Broadway to main Street.* Devon: Yale University Press, 2005.

JACKSON, Kenneth T. *The Encyclopedia of New York City.* New York: The New York Historical Society - Yale University Press, 1995.

JENCKS, Charles. *Le Corbusier and the Tragic View of Architecture.* Boston: Harvard University Press, 1973.

JODARD, Paul. *Raymond Loewy. Design Heroes Series.* London: Trefoil, 1992.

JONES, W. Dwayne. *A field guide to gas stations in Texas.* Austin: Texas Department of Transportation, 2003.

KALLIR, Jane; SCHORSKE, Carl E. *Viennese Design and the Wiener Werkstätte.* New York: G. St. Etienne, 1986.

KEMMLER, Karl Otto. *Nagel und Kodak Kameras.* Neuhausen: G. Kemmler, 1983.

KULIK, Gary. "Raymond Loewy: Designs for a consumer culture". En *The Hagley museum and library,* 2003, pp. 566-573.

KWOKA JR., John E. "The sales and competitive effects of styling and advertising practices in the U.S. auto industry". En *The Review of Economics and Statistics*, Vol. 75, No. 4, Nov. 1993, pp. 649-656.

LE CORBUSIER. *Hacia una arquitectura.* Barcelona: Apóstrofe, 2006.

LEE BLASZCZYK, Regina. Styling synthetics: "DuPont's marketing of fabrics and fashion in postwar America". En *The Business History Review*, Vol. 80, No. 3, 2006, pp. 485-528.

LEFFINGWELL, Randy. *America's classic farm tractors.* Osceola, WI: MBI Publishing, 1999.

LIPPINCOTT, J. Gordon. "Industrial design as a profession". En *College Art Journal*, Vol. 4, No. 3, 1945, pp. 149-152.

LOEWY, Raymond. *Industrial design.* New York: Duckworth & Co., 1951.

LOEWY, Raymond. *Lo feo no se vende.* Barcelona: Iberia, 1976.

LOEWY, Raymond. *The designs of Raymond Loewy.* Washington: Renwick Gallery, 1975.

LOEWY, Raymond. *The locomotive: [its esthetics].* New York: The Studio, 1937.

LONG, Christopher. "The Werkstätte Hagenauer: Design and marketing in Vienna between the World Wars". En *Studies in the Decorative Arts*, Vol. 10, No. 2, 2003, pp. 2-20.

LOOS, Adolf. "Ornamento y delito, 1908", en *Paperback* n°7. Escueladeartenúmerodiez, 2011.

MADIGAN, Mary Jean Smith. *Steuben Glass: an American Tradition in Crystal.* New York: Harry N. Abrams, 2003.

MAFFEI, Nicolas. "John Cotton Dana and the politics of exhibiting industrial art in the US, 1909-1929". En *Journal of Design History*, 2000.

MARCHAND, Roland. "The designers go to the Fair: Walter Dorwin Teague and the professionalization of corporate industrial exhibits, 1933-1940". En *Design Issues*, Vol.8, n°1, 1991, pp. 4-17.

MARCHAND, Roland. "The designers go to the Fair II: Norman Bel Geddes, The General Motors "Futurama", and the visit to the Factory transformed". En *Design Issues*, Vol. 8, n. 2, 1992, pp. 23-40.

MARÍN OLMOS, J. M., TORRENT, Rosalía. *Historia del diseño industrial.* Madrid: Cátedra, 2005.

MARQUETTE, Clare Leslie. *Flour for Man's Bread: A History of Milling by John Storck and Walter Dorwin Teague*. Minneapolis: University of Minnesota Press, 1952.

MASON FOTSCH, Paul. "The building of a superhighway future at the New York World's Fair". En *Cultural Critique*, n. 48, 2001, pp. 65-97.

McQUAID, Kim. "The strange death of corporate culture at studebaker". En *Reviews in American History 26.2*, 1998, pp.434-438.

MEIKLE, Jeffrey L. *Twentieth Century Limited: Industrial Design in America, 1925-1939*. Philadelphia: Temple University, 2001.

MOHOLY-NAGY, László. *La nueva visión y Reseña de un artista*. Buenos Aires: Ediciones Infinito, 1963.

MONAGHAN, Frank. *Official Guide Book: New York World's Fair*, 1939. New York: Exposition Publications, Inc., 1939.

MORSHED, Adnan. "The aesthetics of ascension in Norman Bel Geddes's Futurama". En *The Journal of the Society of Architectural Historians*, vol. 63, n. 1, 2004, pp. 74-99.

NORMAN, Donald A. *The Design of Everyday Things*. New York: Basic Books, 2002.

NORTON, Nancy P. *The business history review*. Vol. 58, No. 2 (Summer 1984).

PEARLMAN, Jill E., *Inventing american modernism: Joseph Hudnut, Walter Gropius, and the Bauhaus legacy at Harvard*. Charlottesville: University of Virginia Press, 2007.

PEVSNER, Nikolaus. *Pioneros del diseño moderno. De William Morris a Walter Gropius*. Buenos Aires: Infinito, 2000.

PIETROPAOLO, Domenico. "Science and the Aesthetics of Geometric Splendour in Italian Futurism". En BERGHAUS, Günter. *Futurism and the Technological Imagination*. Amsterdam: Rodopi, 2009, pp. 41-62.

PORTER, Glenn. *Raymond Loewy: Designs for a Consumer Culture*. Wilminton: Hagley Museum and Library, 2002.

POSENER, Julius. "Der Deutsche Werkbund 1907-1914". En *Arch+59: Vorlesungen zur Geschichte der Neuen Architektur III*, 01/10/1981.

PULOS, Arthur J. *American design ethic: A history of industrial design of 1940*. Boston: MIT Press, 1986.

PULOS, Arthur J. *The American Design Adventure, 1940-1975*. Boston: Massachusetts Institute of Technology, 1988.

RAIZMAN, David. *History of Modern Design: Graphics and Products since the Industrial Revolution*. London: Laurence King, 2003.

REID, Kenneth. "Walter Dorwin Teague, Master of Design". En *Design Pencil Points*, Vol. XVIII, n° 9. Stamford: Reinhold, 1937.

ROBERTS, Lynn Springer. "A Wiener Werkstätte Collaboration". En *Art Institute of Chicago Museum Studies*, Vol. 11, No. 2 (Spring 1985), pp. 84-101.

RODRÍGUEZ MORALES, Luis. *Diseño: estrategia y táctica*. México DF: Siglo XXI, 2004.

RODRÍGUEZ ORTEGA, Nuria. *Manual de teoría y estética del diseño industrial*. Málaga: Universidad de Málaga, 2002.

RUSSELL, Tim. *Fill'er up: The great American Gas Stations*. St. Paul, MI: Voyageur Press, 2007.

SAINT-ETIENNE, Christian. *The Great Depression, 1929-1938: Lessons for the 1980s*. Stanford: Hoover Institution, 1984.

SALMÓN FEIJOO, Nicole. *Análisis comparativo de dos miradas sobre el diseño: Raymond Loewy y Dieter Rams. Creación y Producción en Diseño y Comunicación*. Buenos Aires: Universidad de Palermo, 2010, pp. 57-59.

SCHATZ, Ronald W. *The electrical workers: A history of labor at General Electric and Westinghouse 1923-1960*. New York: Library of Congress, 1983.

SCHWARTZ, Frederic J. *The Werkbund. Design Theory and Mass Culture before the First World War*. Hong Kong: Library of Congress, 1996.

SCHWEIGER, Werner J. *Meisterwerke der Wiener Werkstätte*. Wien: Brandstätter, 1990.

SHANKEN, Andrew M. *194X: Architecture, Planning and Consumer Culture on the American Home Front*. Minneapolis: University of Minnesota Press, 2009.

SHANKEN, Andrew M. "Breaking the Taboo: Architects and Advertising in Depression and War". En *Journal of the Society of Architectural Historians* Vol. 69, No. 3, 09/10. University of California Press, 2010, pp. 406-429.

SLADE Giles. *Made to Break: Technology and Obsolescence in America.* Boston: Harvard University Press, 2006.

SMITH, Terry. *Making the Modern: Industry, Art and Design in America.* Chicago: University of Chicago, 1993.

SOLOMON, Brian. *Classic Locomotives: Steam and Diesel Power in 700 Photographs.* New York: Voyageur Press, 2013.

SOLOWAY, Rick, y LONDON, Ralph. "Camera designs of Walter Dorwin Teague". En *Journal of the Photographic Historical Society of Canada.* Vol. 32, 2007.

SOLOWAY, Rick, y LONDON, Ralph. "Some camera designs of Arthur Crapsey, Henry Dreyfuss and Raymond Loewy". En *Photographica Digest,* Vol. 13, n. 11, 2006, pp. 8-9.

STORCK, John. *Flour for Man's Bread; a History of Milling.* Minneapolis: University of Minnesota Press, 1952.

STRINER, Richard. "Art Deco: Polemics and Synthesis". En *Winterthur Portfolio: A Journal of American Material Culture*, Vol. 25, No. 1 (Spring, 1990), pp. 21-34.

TAYLOR, Joshua C.; HERMAN, Lloyd E.; FRIEMAN BRAND, Lois. *The designs of Raymond Loewy.* Washington: Smithsonian Institution, 1975.

TEAGUE, Walter D. *Design this Day: the Technique of Order in the Machine Age.* New York: Harcourt, Brace and Co., 1940.

TEAGUE, Walter D. *Land of Plent: a Summary of Possibilities.* New York: Harcourt, Brace and Co., 1947.

TEMPLE, David W. *GM's Motorama: The Glamorous show Cars of a Cultural Phenomenon.* Minneapolis, MI: MBI Publishing, 2006.

TRÉTIACK, Philippe. *Loewy: Memoire du style.* Paris: Assouline, 1998.

TRÉTIACK, Philippe. *Raymond Loewy and Streamlined Design.* New York, NY: Universe/Vendome, 1999.

TUPPER, E. C. *Introduction to Naval Architecture: Formerly Muckle's Naval Architecture for Marine Engineers*. Oxford: Elsevier Ltd., 2013.

VAN DOREN, Harold. *Industrial Design: A Practical Guide*. New York: McGraw Hill Book Company Inc., 1940.

VILLANI, Pasquale. *La edad contemporánea, 1945 hasta hoy*. Barcelona: Ariel, 1997.

VÖLKER, Angela. *Die Stoffe der Wiener Werkstätte, 1910-1932*. Wien: Brandstätter, 2004.

WALLERSTEIN, Immanuel. *El moderno sistema mundial. Tomo III. La segunda era de gran expansión de la economía-mundo capitalista. 1730-1850*. Madrid: Siglo XXI, 1999.

WEINGARTNER, Fannia. *Streamlining America: a Henry Ford Museum exhibition. Herald Series*. Dearbon, MI: Henry Ford Museum and Greenfield Village, 1986.

WILDE, Oscar. *La decadencia de la mentira*. Barcelona: Acantilado, 2014.

WILLIS, Daniel. "Education or Marketing?: The Responsibility of Educators When the AIA and the Architecture Magazines Substitute Advertising for Analysis". En *Journal of Architectural Education (1984-)*. Vol. 56. No. 4, 05/03. Taylor & Francis, Ltd., 2003.

WEST, Shearer. *The visual arts in Germany 1890-1937: Utopia and Despair*. New York: Manchester University Press, 2000.

WURTS, Richard. *The New York World's Fair, 1939/1940 in 155 Photographs*. Toronto: Dover Publications, 1979.

YANNACCI, Christin Essin. *Landscapes of American Modernity: A cultural history of theatrical design, 1912-1951*. Ann Arbor: ProQuest, 2007.